刑罚原理与
刑法学基本理论的推证

XING FA YUAN LI YU
XING FA XUE JI BEN LI LUN DE TUI ZHENG

司建军◎著

中国政法大学出版社

2024·北京

图书在版编目（ＣＩＰ）数据

刑罚原理与刑法学基本理论的推证/司建军著. —北京:中国政法大学出版社,2024.5
ISBN 978-7-5764-1509-4

Ⅰ.①刑… Ⅱ.①司… Ⅲ.①刑罚－法的理论－研究 ②刑法－法的理论－研究
Ⅳ.①D914.01

中国国家版本馆 CIP 数据核字(2024)第 108031 号

出 版 者	中国政法大学出版社
地　　址	北京市海淀区西土城路 25 号
邮寄地址	北京 100088 信箱 8034 分箱　邮编 100088
网　　址	http://www.cuplpress.com (网络实名：中国政法大学出版社)
电　　话	010-58908586(编辑部) 58908334(邮购部)
编辑邮箱	zhengfadch@126.com
承　　印	北京鑫海金澳胶印有限公司
开　　本	720mm×960mm　1/16
印　　张	13.25
字　　数	220 千字
版　　次	2024 年 5 月第 1 版
印　　次	2024 年 5 月第 1 次印刷
定　　价	59.00 元

内容摘要

刑罚理论上报应刑、目的刑、综合刑长期以来存在的彼此对立，清晰地表明我们对犯罪和刑罚并没有形成明确清晰的观念，在罪刑关系上也没有形成明确清晰、普遍有效的单纯形式上的理论，即形而上学意义上的刑罚理论——康德、黑格尔各自提出的形而上学意义上的刑罚报应理论虽然就罪刑关系而言都是明确清晰的，但由于处理罪刑关系时着眼的视角不同，二者在对罪刑关系的认知上是彼此对立、各有缺陷的：前者着眼于犯罪行为对个人利益的损害追求平等，后者则着眼于犯罪行为对社会公共利益的损害追求社会秩序的维护。

考虑到康德、黑格尔刑罚理论在处理罪刑关系时着眼点上存在的前述差异，及个人利益和社会公共利益在不同社会组织化水平的社会情势之下存在不同的对立统一关系，考察两种刑罚理论在不同社会组织化水平的犯罪情势下的合理性及其不可避免存在的缺陷是必要的。藉由考察康德、黑格尔刑罚理论各自适用于理想完美社会和自然状态社会之下犯罪行为理应存在的结果，即突显了两种刑罚理论各自具有的合理性及其缺陷，也释明了罪刑关系理应如何存在，彰显出在罪刑关系处理中考虑犯罪情势社会组织化水平的必要性，从另一角度看是彰显了在罪刑关系处理中考虑犯罪情势内含社会理性对犯罪行为影响支配能力的必要性。据此，在罪刑关系上追求平等原则的、新的刑罚报应理论得以建构起来：①对于犯罪行为造成的损害，我们能够在观念上将其分为两个互补的部分，即犯罪行为在犯罪情势处于自然状态的程度和意义上造成的损害，及犯罪行为在犯罪情势处于理想完美社会状态的程度和意义上造成的损害；②相应地，就犯罪行为产生的前述两部分损害，依据平等原则，在互补意义上存在刑事责任和民事责任的对立：就犯罪行为在犯罪情势处于自然状态的程度和意义上产生的损害，依据平等原则，着眼于等量报应追究犯罪人刑事责任；而对于犯罪行为在受到社会理性有效支配，从而处于理想完美社会状态的程度和意义上造成的损害，虽然犯罪人仍应承担刑事责任，但基于功利的考虑，这些刑事责任在现实可行的情况下却是可以也理应由民事责任加以替代的；③故而，犯罪行为的刑事责任和民事责任是在互补意义上存在的，而不是如黑格尔认为的那样是在并列意义上存在的。在此，直接基于犯罪行为理性属性的刑罚适用在逻辑上实现了报应与功利的统一。

新刑罚报应理论建基于犯罪行为必然具有的本质属性基础之上，内含着对犯罪概念与刑罚使命的全新认知，使我们能够在本质意义上明确地定义犯罪概念。在新刑罚报应理论之下，犯罪行为是指：在受到或理应受到社会理性法则影响支配的社会范围内，对于违背平等原则、恶意损害他人利益的行为，在社会理性不能有效调整行为双方间社会关系的程度和意义上，行为应被视为犯罪行为；对于犯罪行为，应依平等原则对犯罪人施加刑罚（在形式、内容相统一意义上给出的这一犯罪概念，迥然有别于传统的、仅仅着眼于犯罪行为外在特征所形成的犯罪概念）。相应地，在社会理性具有或理应具有的影响支配范围内，刑罚的使命在于使犯罪行为成为非理性的、无助于犯罪人利益实现的行为；而在社会理性影响支配范围之外，刑罚的使命则在于认识到犯罪行为的存在根据及其在自然意义上具有的正当性。

新刑罚报应理论的建构与犯罪概念内涵的确定，为基本刑法理论的推证和整个刑法理论体系的建构奠定了理论基础。首先，着眼于犯罪行为具有的理性属性及其必然建立在理性错误的逻辑基础之上，分别推证、确立了刑法理论体系理应遵循的两项基本原则，即罪刑相当原则和刑罚适用宽仁原则，从而将刑法理论基本原则建立在坚实的理性基础之上，而无需求之于具体的法律规定，或人类历史的发展过程来证立刑法理论的基本原则，虽然这并不否定罪刑法定原则、刑法面前人人平等原则在我国刑法体系中具有基本原则的地位。其次，考虑到理性有限性，着眼于人们仅能在有限意义上认知现实犯罪行为、犯罪行为实施过程中会受到各种偶然因素影响而背离犯罪人意欲实现的目的，阐明了如何将形而上学意义的刑罚报应理论既合乎理性，也合乎现实地适用于现实具体的罪刑关系处理，从而在完整意义上解决了现实罪刑关系处理的理论问题。再次，释明了不纯正不作为犯罪何以能够成为犯罪及其罪刑关系问题，分析了不纯正不作为犯罪与相关作为犯罪之间的重大区别。最后，基于新刑罚报应理论确立了设定具体犯罪及进而建构刑法分则体系应该考虑的两个方面因素，即行为造成的客观社会危害与行为在何种程度和意义上受到社会理性的影响支配，从而为刑法典的建构奠定了理论基础。在前述建构新刑罚报应理论、确立犯罪概念及对相关刑法基本理论的推证过程中，对一些刑法理论上的重要问题作出了回答，如威慑性刑罚适用不具有正当性，罚金刑的本质及其应符合的数额标准，刑罚易科制度的理论根据，减刑、假释和缓刑的理论根据等。

此外，一方面藉由对污染环境罪、抢劫罪两个具体罪名的分析，指出人们对其理解中存在的问题；另一方面藉由对许某盗窃案、引发张某扣故意杀人的王某军故意伤害案两个案件判决的批判，在实践中展示新刑罚报应理论的合理性、有效性。

目　录

第二篇 刑法学基本理论的推证

第三章 犯罪概念与刑罚的使命

第三篇　新刑罚报应理论的实践运用

第一篇

刑罚的形而上学原理

引　言

刑罚理论研究具有极为悠久的历史，但不得不承认，作为刑法理论基础和核心的刑罚理论问题并没有在真正意义上得到解决：报应刑论、目的刑论及作为二者折中的综合刑论三大流派仍是彼此对立的，诸多刑罚理论虽各有自身的合理性，但也均具有难以克服的缺陷——这本身就表明我们对罪刑关系并不具有清楚明白的观念（笛卡尔以理性的清楚明白认识作为真理的标准[1]），既有刑罚理论远未成熟。

由于对罪刑关系没有清楚明白的观念，刑罚理论远未成熟，自然会在处理罪刑关系的刑法理论和实践上面临诸多难题，对现实犯罪、刑罚关系的处理仅仅依赖现有的刑法理论是不够的，因而不得不在很大程度上受到感情或激情（如民愤）的影响和支配。[2]刑罚的现实适用是否合乎正义自然往往是不清楚的、充满争议的（虽然类似案件在量刑上往往存在重大差异，但我们很难对此给出令人信服的说明就是明证）。

"如果理论在实践上还不大行得通的话，那就并不在于理论本身，而在于还没有足够的理论"，[3]康德的话为我们如何对待不完善的刑罚理论

---

〔1〕 ［法］笛卡尔：《谈谈方法》，王太庆译，商务印书馆 2000 年版，第 17 页。

〔2〕 这是康德观念的合理推论，康德认为"许多人没有关于他们所向往事物的理念，因而按照本能和权威行事"。参见 ［德］康德：《逻辑学讲义》，许景行译，商务印书馆 2010 年版，第90 页。

〔3〕 ［德］康德：《历史理性批判文集》，何兆武译，商务印书馆 1990 年版，第 169 页。

提供了重要指导——考虑到刑罚理论在整个刑法理论体系中具有的核心地位，从根本意义上反思重构刑罚理论具有极为重要的意义。建构更完善的刑罚理论，目标理应是于罪、刑之间，在质、量两方面建立起因果性必然联系，其原因在于，"科学的解释必须是因果性解释"，[1]科学的理论也理应反映不同现象间在质、量两方面存在的因果性必然联系。虽然罪刑关系理论林林总总，但仅有康德、黑格尔刑罚报应理论符合或近似符合这一标准，二者作为纯粹形式意义上的罪刑关系理论，均在质、量两方面确立了罪刑之间的因果性关系。然而遗憾的是，二者的合理性虽然得到了广泛承认，但也都具有自身难以克服的缺陷，各自面临着刑法实践中诸多难以解决的问题，二者都是仅在部分意义上合乎理性的。

作为部分合乎理性，却又彼此不同、相互对立的理论，康德、黑格尔刑罚理论在预示必有一个更好刑罚理论存在的同时，也必然以其特定的方式向我们指出建构更完善刑罚理论的道路。[2]着眼于人类社会的发展历程与刑罚之间趋于轻缓的紧密联系，着眼于博弈论的研究成果，我们不难理解社会组织化水平在罪刑关系中具有的意义。但社会组织化水平在康德、黑格尔刑罚理论中却都是被无视的（黑格尔认识到社会稳定程度会影响刑罚适用，但社会稳定程度与社会组织化水平毕竟是两个不同的问题），这既昭示了康德、黑格尔刑罚理论存在缺陷的原因，也为我们建构更完善的刑罚理论指明了方向。

---

〔1〕 ［德］M. 石里克：《普通认识论》，李步楼译，商务印书馆 2005 年版，第 80 页。

〔2〕 参见 ［德］赖欣巴哈：《科学哲学的兴起》，伯尼译，商务印书馆 1983 年版，第 148~149 页。

第一章　康德、黑格尔刑罚报应理论间的区别及各自存在的问题

推证思路：藉由考察康德刑罚报应理论、黑格尔刑罚报应理论分别适用于自然状态社会条件下与理想完美社会条件下犯罪行为理应产生的结果，分析两种刑罚理论各自具有的合理性和缺陷，由此得出两种刑罚理论都没有考虑到犯罪情势的社会组织化水平在罪刑关系中具有的意义，分析、确证了社会组织化水平是如何影响罪刑之间相互关系的。

说出真理的方式有许多，但从逻辑意义上说它们是等值的。[1]那么，康德、黑格尔刑罚报应理论之间何以会存在鲜明的差异和对立呢？二者作为纯粹形式意义上处理罪刑关系的理论，作为建立在先验的、纯粹的自由或法（法、刑法的本质是自由）概念基础之上，[2]对一切现实中影响罪刑关系的偶然因素均不予考虑的罪刑关系理论，难道不应该是同一关系，即在本质上完全一致，而仅仅在具体表述方式上存在差异吗？恰如我们可以对圆、正三角形给以不同的定义方式，但其内涵却是完全相同的一样——由于只有一种人类理性，也就不应该存在截然不同的刑罚理论。我们有必要深思，是什么原因，或者说是什么样的不足，导致二者间产生了本不应存在的差异？

---

〔1〕　[德]赖欣巴哈：《科学哲学的兴起》，伯尼译，商务印书馆1983年版，第155页。

〔2〕　参见[英]Roger Scruton：《康德》，刘华文译，译林出版社2011年版，第74页。

要更好地理解、运用刑罚理论，这些问题是我们不得不面对和解决的。

一、康德、黑格尔刑罚报应理论间的区别

康德、黑格尔刑罚报应理论虽然都是形而上学意义上的罪刑关系理论，但二者却具有本质区别。康德刑罚报应理论着眼于个人利益，根据犯罪对被害人造成的损害，基于犯罪人、被害人间作为理性主体本应存在的平等关系，依平等原则确定质、量两方面都公正的刑罚，以重新实现犯罪人与被害人间本应存在的平等关系。这经常被表述为"以眼还眼，以牙还牙"。康德刑罚报应理论经常受到"以牙还牙"式的等量报应不具有现实可行性的指责，但这并不公正，原因在于康德认识到"不能在所有的情况下都严格采用这个原则（即'以眼还眼，以牙还牙'），但是，作为效果来说，可以在实践中始终有效"。[1]

与康德刑罚报应理论着眼于个人利益，追求犯罪人、被害人间平等关系的实现不同，黑格尔刑罚报应理论着眼于犯罪对社会公共利益的损害，追求法和社会公共秩序的恢复。在黑格尔看来，犯罪是对法的否定，而刑罚是对法的否定之否定。"扬弃"犯罪以恢复法的原状，不仅要依"等价报应"对犯罪适用刑罚，而且要给予受害人民事上的损害赔偿；[2]由于犯罪"对社会成员中一人的侵害就是对全体的侵害，侵害行为不只是影响直接受害人的定在，而且牵涉整个市民社会的观念和意识……对市民社会的危险性就成为它的严重性的一个规定"，这使得犯罪作为不法的定在，具有质、量的双重规定性。刑罚作为对犯罪的否定、作为对犯罪这种侵害的侵害，亦具有质、量的双重规定性，且这种质、量的双重规定应当与犯罪侵害相当，只有如此，作为刑罚的惩罚才是正义的。这里的"相当"不是

---

〔1〕［德］康德：《法的形而上学原理——权利的科学》，沈叔平译，商务印书馆1991年版，第164页。

〔2〕［德］黑格尔：《法哲学原理》，范扬、张企泰译，商务印书馆1961年版，第100～101页。另参见高兆明：《心灵秩序与生活秩序：黑格尔〈法哲学原理〉释义》，商务印书馆2014年版，第351页。

侵害特定性状的同一，而是价值的等同，体现社会的价值尺度——据此，刑罚标准会由于文化的进步，以及由此而来的人们对犯罪、对犯罪与刑罚间关系的看法发生变化。[1]于是有时对偷窃几分钱或一颗甜菜的人处以死刑，而有时对偷窃百倍此数甚或价值更贵的人处以轻刑，都同样是正当的。一部刑法典主要是属于它那个时代和那个时代的市民社会情况的。[2]

对于如何看待康德、黑格尔刑罚观在正义标准上存在的差异，笔者的观点与传统有所不同。

（一）康德、黑格尔刑罚理论区别传统认识存在的问题

对于康德与黑格尔刑罚报应理论上的差异，很多人将其归结为"等量报应"和"等价报应"间的不同，但在笔者看来这种认知是片面的、浅显的，限于表面的直观。不可否认，"等量"与"等价"、"等量报应"与"等价报应"在字面上固然是不同的，现实中商品量上的相等与价值上的相等也并不是一回事，量上的相等并不意味着价值上的相等，但据此认为康德、黑格尔刑罚报应理论的主要区别在于所寻求的犯罪、刑罚间损害量上等同与价值上等同的区别则是错误的。

将康德与黑格尔刑罚报应理论上的差异归结为等量报应与等价报应之所以是错误的，一方面是因为康德的罪刑关系判断同样是具有社会意义的价值判断，这使得将"等量报应"与"等价报应"相对立，进而将其作为康德、黑格尔刑罚报应理论间的区别是难以成立的。如前所述，将康德的报应理论理解为罪刑关系上绝对化的"等量"，不仅不具有现实性，而且与康德的本意相悖。康德明确指出他所追求的罪刑关系是损害效果上的等同，而损害效果是否等同只能是相对于个人利益（犯罪人或被害人利益）的损害而言的，对损害效果的评价本质上必然是价值评价——相对于个人利益的价值评价，损害效果等同必然意味着损害价值的等同，在此，对于个人利益而言，损害量等同、损害效果等同、损害价值等同三者具有相同

---

〔1〕 ［德］黑格尔：《法哲学原理》，范扬、张企泰译，商务印书馆 1961 年版，第 99 页。

〔2〕 ［德］黑格尔：《法哲学原理》，范扬、张企泰译，商务印书馆 1961 年版，第 228~229 页。

的意义。同时，尽管这里的损害效果或价值评价是相对于个人利益而言的，但两种不同的损害是否在价值上相当只能置于特定的社会条件下加以判断，对两种不同损害抽象地给予价值是否相当的评价是不可能的，如盗窃一千斤大米的社会意义在经济发达社会和处于饥荒状态的社会无论如何都是不一样的，又如砍掉一只手的损害价值或意义在当今社会、一百年前的社会、原始社会都不可能是一样的。显然，康德的罪刑关系评价是一种具有社会意义的罪刑关系评价。另一方面，尽管黑格尔的罪刑关系着眼于犯罪对社会利益的损害，着眼于其社会价值，但犯罪在最终的意义上是对个人利益的损害，对犯罪损害的社会价值的评判在最终意义上必然是犯罪对个人利益损害的价值判断，而刑罚则只能是对个人利益的损害，是个人承担的责任，对刑罚价值的评价只能是一种个人价值的评价。

由于康德的罪刑关系评价是具有社会意义的基于个人利益的价值关系评价，而黑格尔的罪刑关系则在最终意义上建立在犯罪、刑罚对个人利益损害评价的基础上，因此，将"等量报应"与"等价报应"相对立，进而将其作为康德、黑格尔刑罚报应理论间的本质不同是难以成立的，原因在于这一说法没有准确表达两种理论间区别的本质。两种理论间刑罚正义标准的区别究竟何在呢？

（二）康德、黑格尔刑罚报应理论间区别的再认识

在笔者看来，康德、黑格尔刑罚报应理论在紧密相关的三个方面存在显著不同。

1. 康德、黑格尔刑罚理论在处理犯罪问题时着眼视角不同

康德刑罚报应理论着眼于犯罪、刑罚涉及的个人利益；相对地，黑格尔刑罚报应理论着眼于犯罪、刑罚涉及的社会公共利益（但是其在最终意义上不可避免地要考虑犯罪、刑罚涉及的个人利益，否则其对社会公共利益的考虑就是虚无的）。

2. 康德、黑格尔刑罚理论各自意图实现的目标不同

根源于处理犯罪、刑罚问题时着眼视角上的不同，康德、黑格尔刑罚报应理论意图实现的目标也各不相同。康德认识到理性是平等的，具有理

性属性的人天然是平等的，也必然追求平等；而犯罪意味着犯罪人对被害人利益的损害，意味着对犯罪人与被害人之间本应存在的平等关系的破坏，重新实现犯罪人和被害人间本应存在的平等关系就成为康德刑罚报应理论意图实现的目标。相对地，黑格尔认识到犯罪意味着对社会公共利益的损害，意味着对法和法所体现的社会秩序的否定，于是恢复和维护法和法所体现的社会秩序就成为黑格尔刑罚报应理论意图实现的目标。

3. 康德、黑格尔刑罚理论各自追求的正义标准不同

根源于处理犯罪、刑罚问题时着眼视角上的不同，康德、黑格尔刑罚报应理论意图实现的目标各不相同，进而使得二者各自的刑罚正义标准也存在显著区别，主要涉及犯罪人刑事责任、民事责任两个方面。

（1）在犯罪刑事责任方面存在的差异。

在刑事责任方面，康德刑罚理论着眼于个人利益、追求犯罪人与被害人间的平等，要求"以牙还牙"式的等量报应，追求犯罪人、被害人由于刑罚或犯罪所受到的损害在效果上等同；相对而言，黑格尔的罪刑关系理论着眼于犯罪对社会公共利益具有的危险性及其价值，强调法和社会秩序的恢复，要求犯罪人依"等价原则"承担刑事责任，与此同时，给予被害人民事上的损害赔偿。两种刑罚理论的区别是明显的。虽然犯罪、刑罚造成损害的效果与犯罪发生的特定社会背景紧密相关（同样是盗窃一千斤粮食，在不同社会条件下其社会危害性是不同的），但犯罪、刑罚造成的损害都是具有客观性的，是可以准确认知的（考虑到犯罪、刑罚的损害一般来说都是对个人利益的损害，是人们可以切身感知的，这一点就更为鲜明了），是可以在客观意义上进行比较的，康德的等量报应追求损害效果等同的刑罚正义标准明显具有客观明确性。形成鲜明对照的是，虽然在理论上黑格尔在刑事责任方面的刑罚正义标准是明确的，但其现实适用在很大程度上却只能是主观的、不清晰的、模糊的，这主要有三个方面的原因。首先，黑格尔刑罚正义所追求的法和社会秩序的恢复究竟为何是不清楚的。虽然现实的法和社会秩序是客观的，但却是在不同程度和意义上具有缺陷的，且处于不停的变化过程之中而难以准确认知，这使得将什么样的

法和社会秩序作为刑罚适用意图恢复、维护的对象（现实社会秩序，抑或理想完美的社会秩序）是难以确定的。犯罪人与社会或被害人间现实社会关系究竟为何？理应处于何种状态？现实在何种程度上是对立抑或协调的？这在很大程度上只能依赖于刑罚适用主体的主观认知和选择，这决定了黑格尔刑罚正义标准必然是主观的、不清晰的。其次，如何将犯罪社会危害价值与刑罚对个人的损害程度相当，其判断标准为何缺乏客观的现实标准，人们虽然能够感知和评价犯罪所损害的社会公共利益，但犯罪究竟在何种程度和意义上损害了社会公共利益，也即犯罪的社会价值，人们不可能如犯罪、刑罚对个人利益的损害那样具有切身感受，那样感知鲜明、评价准确，再加上人们各不相同的社会地位、社会经历也会直接影响对犯罪社会价值的判断，这就决定了黑格尔刑罚正义标准具有很大的主观性，只能是模糊不清的。根据黑格尔的刑罚报应理论，犯罪"对社会成员中一人的侵害就是对全体的侵害……侵害行为不只是影响直接受害人的定在，而是牵涉整个市民社会的观念和意识……对市民社会的危险性就成为它的严重性的一个规定"。于是，"有时对偷窃几分钱或一颗甜菜的人处以死刑，而有时对偷窃百倍此数甚或价值更贵的东西的人处以轻刑，都同样是正当的"。[1]而如此适用刑罚，在康德来说是难以想象的。

（2）在犯罪民事责任方面存在的差异。

尽管犯罪人在刑事责任之外承担民事损害赔偿责任是实践中的普遍做法，人们也很少（在笔者看来是没有）对这一点提出过疑问，但这却是康德与黑格尔刑罚报应理论的一项重要区别。这不仅有严密的逻辑推理支持，现实理论与实践中面临的一些问题也突显了这一问题的存在，笔者在下文中的相关论证将使人们对这一问题存在的原因有更为清楚的认识。

黑格尔对这一问题的回答是肯定的，而康德却给予了否定的回答。黑格尔在《法哲学原理》中明确主张，犯罪人在依等价原则承担刑事责任之外，应当给予受害人民事上的损害赔偿。他认为，犯罪是对法的否定，而

---

〔1〕 ［德］黑格尔：《法哲学原理》，范扬、张企泰译，商务印书馆1961年版，第228页。

刑罚则是对犯罪的否定。"扬弃"犯罪以恢复法的原状，不仅要依"等价报应"对犯罪适用刑罚，而且亦要给予受害人民事上的损害赔偿。[1]

在犯罪人依等量报应原则承担刑事责任的情况下，虽然康德没有明确排除犯罪人承担民事赔偿责任，但这是依平等原则、等量报应原则在理论上得出的必然结论，也是从康德明确提到的案例中得到的必然推论。康德的罪刑关系理论建立在犯罪人与被害人平等的理性基础之上，犯罪行为固然直接破坏了犯罪人与被害人间的平等关系，而刑罚的等量适用则使二者又重新恢复了平等关系，但要求犯罪人在承担刑事责任之外对被害人承担民事损害赔偿责任势必会打破这种平等关系——从康德提到的军人决斗案中可以更明确地看到这一点：下级军官如果因受到侮辱而在被迫参加的决斗中杀死对方，依康德的观点，如果这种情况公开发生，并且是双方同意进行决斗的，刑法的公正就被带入巨大的窘境之中。一方面法律不能对荣誉的意义置之不顾，另一方面从应受的惩罚衡量这个罪行就会变得过于宽容或残酷（如此适用刑罚很明显存在问题，康德也认识到如此适用刑罚是存在问题的，但他没有对此给出合理的解决方案，这在探讨刑罚理论过程中是特别值得关注的）。[2]尽管他仍坚持应依照刑法的绝对命令处死犯罪人，但我们很难认为他会坚持认为犯罪人应对被害人进行民事赔偿。作为哲学大师的康德绝不可能对如此重要的问题视而不见——事实上，康德明确认识到在这种情况下对犯罪人判处死刑是不公正的。尽管人们习惯将刑事责任与民事责任当作两类性质不同的责任，但事实上，民事赔偿完全可以作为刑事责任发挥作用——在给付一定数额的金钱作为罚金和给付一定数额的金钱作为赔偿之间并不存在真正的区别。[3]将民事责任作为犯罪人

---

〔1〕［德］黑格尔：《法哲学原理》，范扬、张企泰译，商务印书馆1961年版，第100~101页。另参见高兆明：《心灵秩序与生活秩序：黑格尔〈法哲学原理〉释义》，商务印书馆2014年版，第351页。

〔2〕［德］康德：《法的形而上学原理——权利的科学》，沈叔平译，商务印书馆1991年版，第170页。

〔3〕［意］恩里科·菲利：《犯罪社会学》，郭建安译，中国人民公安大学出版社2004年版，第279页。

承担的不同于刑事责任的部分，使被害人在现实上具有了高于犯罪人的地位，这在康德提到的前述军人决斗案中表现得尤为明显。这显然违背了康德建基于平等原则之上的刑罚理论。

犯罪民事损害赔偿在理论和实践上面临的困境也突显了康德、黑格尔在刑罚报应理论上存在的前述分歧。

第一，历史和现实的司法实践突显了康德、黑格尔在这一问题上存在的分歧。在相当长历史的刑事司法实践中，损害赔偿与刑罚适用并不是截然分开的。在夏商周时期，法律规定了犯人可以用财物折抵刑罚的赎刑制度，《尚书·舜典》规定了"金作赎刑"，即以铜赎罪的刑罚；而据《尚书·吕刑》的规定，西周的五种正刑都可以用铜赎免，而是否能够求得赎免，犯人及其家属有选择权；[1]及至明代，仍广施赎刑，赎罪不限身份，赎刑不限等级，赎刑不限钱财。[2]而在当今的司法实践中，虽然各国普遍在刑事责任之外要求犯罪人承担民事赔偿责任，这无疑反映了黑格尔刑罚报应理论；但是，在犯罪人对犯罪造成的损害作出较好赔偿的情况下，基于这种民事赔偿而对犯罪人从轻、减轻或免除刑事处罚也是各国的普遍做法，[3]这无疑与黑格尔报应理论又是对立的，却与康德的报应理论相一致；如果将刑事责任和民事责任作为两类性质不同、相互独立的责任，那么，对犯罪造成的损害承担民事赔偿责任就不应该成为减轻刑事责任的根据；但如果将"民事赔偿"作为恢复平等、承担刑事责任的一部分，基于民事赔偿而减轻刑罚处罚却可以在康德的报应理论中得到很好的解释。

第二，让犯罪人在刑事责任之外承担民事损害赔偿责任违背人们的一般情感和直觉理性。实践中对犯罪的民事损害赔偿往往难以得到有效履行，原因固然是多方面的，但在报复性犯罪中，在刑事责任之外要求犯罪人

---

〔1〕 怀效锋主编：《中国法制史》，中国政法大学出版社2002年版，第22页。

〔2〕 怀效锋主编：《中国法制史》，中国政法大学出版社2002年版，第248页。

〔3〕 《德国刑法典》第46条第1款规定："行为人有下列情形之一的，法院可依第49条第1款减轻其刑罚，或者，如果科处的刑罚不超过1年自由刑或不超过360单位日额金之罚金刑的，则免除其刑罚：1. 行为人努力与被害人达成和解，对其行为造成的损害全部或大部予以补偿，或认真致力于对其行为造成的损害进行补偿的……"《意大利刑法典》第56条、第62条也有类似规定。

承担民事赔偿责任违背人们的一般情感和直觉理性应该是一个重要原因——这里的一般情感和直觉理性无疑也突显了黑格尔报应理论中存在的问题。虽然情感不是理性，但情感往往反映了理性，只是这里的理性往往不为人们所知，如小男孩在成长的过程中会感到女孩变美了，变可爱了，于是想亲近女孩，虽然这只是他的情感，但其背后却蕴藏着理性，尽管男孩往往不明白其中的道理。

第三，从理论上说，当藉由对犯罪人适用刑罚而使刑罚正义得以实现时，社会就重新恢复了理性，这一状态必然是稳定的，但在刑事责任之外要求犯罪人承担民事赔偿责任，将使理应必然实现的稳定状态变得难以实现，这无疑是违背理性的。在现实的许多刑事案件中，民事损害赔偿责任往往很难落实到位，这使得犯罪人与被害人、与社会之间的关系长期处于紧张对立状态，在刑罚判处和执行之后，社会冲突不但没有得到最终的消除，反而以判决的形式维持和确认了这种冲突。甚至在犯罪造成的损害巨大而犯罪人无力赔偿时，这种冲突就有可能持续犯罪人的一生，这无疑不利于社会稳定。在这种情况下，即使刑罚执行完毕，犯罪人、被害人及其家属仍然很难走出犯罪的阴影，本应成为维护和实现自由工具的刑法，现在却有可能成为套在犯罪人、被害人身上的精神枷锁。相对地，康德的刑罚报应理论在这一问题上具有很强的说服力，表现出很好的合理性：康德刑罚报应理论排除刑事责任之外的民事损害赔偿责任，使犯罪人即使没有对犯罪被害人进行赔偿，也能够在刑罚执行完毕后回归社会、过正常的社会生活，很好地避免了黑格尔刑罚报应理论存在的问题。

二、康德、黑格尔刑罚理论在实践中各自存在的问题

康德、黑格尔刑罚报应理论作为在刑罚理论和实践中均具有重大影响力的理论无疑均是具有合理性的，对于实践中诸多问题的处理具有指导意义，但作为在诸多方面尖锐对立的刑罚理论，二者也不可避免地具有自身的内在缺陷，这突出地表现为二者在实践中都面临着一些难以解决的问题。就康德刑罚报应理论来说，则是其难以理解不同时代背景、不同犯罪

情势对罪刑关系具有的意义，对于当今刑罚轻缓化的国际潮流与国际社会力倡的废除死刑运动，即使是故意杀人的犯罪行为也不判处死刑，更是突显了要求"等量报应"的康德刑罚报应理论的不足。而就黑格尔刑罚报应理论来说，则是没有处理好个人利益在罪刑关系中具有的意义，进而不可避免地面临以下难以解决的问题：其一，难以理解犯罪、刑罚对被害人具有的意义，使得被害人在司法实践中往往被忽视，被排除在现实刑事诉讼以外；其二，对刑罚适用与犯罪人民事损害赔偿间的关系难以给出令人信服的说明，虽然现今的司法实践往往将犯罪人给予被害人较好的民事损害赔偿作为从轻适用刑罚或免除刑罚的条件，但这主要是出于功利的考虑，即被害人得到实际利益、犯罪人受到较轻刑罚处罚，事实上缺乏清晰的理论上的支持：为何基于民事损害赔偿能够对犯罪人从轻处罚，从轻处罚的限度或程度如何，民事损害赔偿与从轻适用刑罚间究竟是何关系，这些都是将刑事责任、民事责任这两种不同类型责任作为在并列意义上存在的黑格尔刑罚报应理论难以回答的问题；其三，对个人利益的忽视，使得对犯罪、刑罚社会价值的判断很大程度上陷于主观而失去了判断的客观基础（由于社会利益在最终意义上是个人利益），进而失去了刑罚适用的客观标准，以至"有时对偷窃几分钱或一颗甜菜的人处以死刑，而有时对偷窃百倍此数甚或价值更贵的东西的人处以轻刑，都同样是正当的"，[1]如此适用刑罚对康德刑罚理论来说是难以想象的。这不可避免地会使刑罚的现实适用宽严失度，或表现为对犯罪人的轻纵，难以有效维护社会秩序；或表现为对犯罪人适用过于严厉的刑罚，使犯罪人沦为维护社会秩序的工具，难以使犯罪人在刑事司法实践中作为目的、作为社会的主人、作为法律主体得到足够充分的尊重。

康德、黑格尔刑罚报应理论各自具有的缺陷均与二者审视罪刑关系时片面地着眼于个人利益抑或社会公共利益（社会秩序）的视角密切相关。由于犯罪、刑罚均是既涉及个人利益又涉及社会公共利益的，而个人利益

---

〔1〕〔德〕黑格尔:《法哲学原理》，范扬、张企泰译，商务印书馆 1961 年版，第 228 页。

与社会公共利益在不同情势下存在各不相同的对立统一关系，使得单单着眼于个人利益的康德刑罚报应理论与单单着眼于社会公共利益的黑格尔刑罚报应理论虽然均有合理之处，但也均具有缺陷。对社会利益的损害固然在终极意义上是对个人利益的损害，社会利益可以归结为个人利益，二者具有一致性，但二者也具有对立性，社会利益与个人利益终归是不同的。且不说现实中以"社会利益"形式表现的利益往往是与广大人民利益相对立的特殊利益集团的利益，现实的理性有限性也使个人利益不可能在社会利益中得到充分、完整的反映，这就使得个人利益与社会利益之间的差异对立是不可避免的。在不同历史时期、不同社会领域、不同的犯罪情势之下，个人利益、社会利益间的对立统一关系都会呈现出不同的表现形式，这使得具体犯罪行为所涉及的个人利益和社会利益间的对立统一关系必然是各不相同的，与盗窃犯罪、抢劫犯罪主要体现个人利益与社会公共利益之间的冲突不同，民间纠纷引发的伤害、杀害行为更多地涉及个人利益之间的冲突。

由于在不同社会、不同具体犯罪情势下个人利益与社会利益之间的关系会有不同的表现形式与对立统一关系，康德、黑格尔刑罚理论各自的合理性及其缺陷在不同社会情势下会有不同的表现形式，这使得，无论是深入理解康德、黑格尔各自的刑罚报应理论，抑或建构新的更为完善的刑罚报应理论，考察康德、黑格尔刑罚报应理论的合理性及其缺陷各自如何与不同社会、不同具体犯罪情势紧密联系在一起都是必要的。

三、康德、黑格尔刑罚理论合理性分析

各自具有合理性及缺陷的康德、黑格尔的刑罚报应理论，哪一种更为可信、在何种程度和意义上可信呢？这就首先有必要考察在不同社会条件下，即在具有不同个人利益、社会公共利益对立统一关系的不同社会条件下，两种刑罚理论适用于犯罪的结果。

（一）康德、黑格尔刑罚报应理论特殊情势下的合理性及其缺陷分析

为了彰显康德、黑格尔刑罚理论各自所具有的合理性及其存在的问

题，分析两种刑罚理论各自在自然状态下、在人类社会的理想完美状态下的表现是必要的。这主要是考虑到在自然状态下只有个人利益而不存在社会公共利益，而在人类社会的理想完美状态下，社会公共利益则完美地体现了个人利益，二者实现了完美统一，对这两种社会状态下康德、黑格尔刑罚理论适用情况的考察，将能够生动鲜明地揭示（着眼于个人利益、忽视社会公共利益的）康德刑罚理论与（着眼于社会公共利益、相应忽视个人利益的）黑格尔刑罚理论各自具有的合理性和缺陷。

1. 康德、黑格尔刑罚理论适用于自然状态下犯罪的合理性审视

在自然状态下（这是可以设想的具有理性的人建构社会的起点），人人相互为敌，处于所谓的战争状态之下——这是每一个人与每一个人之间的战争，每个人都处于孤立的状态，有的只是个人利益，根本不存在社会公共利益（也可以看作仅具有无限小的、可以忽略的社会公共利益），人们为了任何微小的利益而伤害甚至杀死其他人都是正常的、合理的。可以想象，对于自然状态下的犯罪行为，着眼于个人利益的康德刑罚报应理论与着眼于社会公共利益的黑格尔刑罚报应理论在合理性上必然是截然不同的。

（1）对于自然状态下的犯罪行为，康德刑罚理论堪称完美。

对于自然状态下发生的犯罪行为，康德基于平等原则的等量报应刑罚正义标准具有堪称完美的适用表现，任何其他的策略都是不合理的。一方面，对受到的损害不报复或仅给予较小损害的报复，将违背建基于人的理性属性基础之上的平等原则，必然使被害人在所属团体中不同程度处于劣势地位，进而难以生存，这从被害人个人利益来看明显是有害于自身利益的、不可行的；另一方面，对受到的侵害给予过量报复，除带来更大的损害，使犯罪人与被害人长期对抗，损害所属团体、共同体整体利益外，并不能比等量报复带来更多的利益，这使得过量报复既是不必要的，也是过分的。从理性逻辑来看，等量报复与过量报复均可绝对避免犯罪的发生，二者在遏制犯罪上具有相同的效果，明显的是，过量报复从个人利益来看是不必要的；而在将理性人群体作为一个共同体来看时（这是探讨刑罚正

义、理性的必要前提），过量报复必然是有害于整体利益的（可视为自然状态下的社会公共利益），这使得过量报复对社会公共利益来说只能是过分的。

对于自然状态下为何应对受到的侵害采取"以眼还眼，以牙还牙"式的等量报应，美国密歇根大学阿克塞尔罗德主导进行的三次"囚徒困境重复博弈计算机程序奥林匹克竞赛"结果及其相关理论分析给予了回应。[1]在第一次比赛中，阿克塞尔罗德邀请来自经济学、社会学、政治科学和数学等领域的博弈论专家参与竞赛，收到 14 个提交者各自认为最有效的博弈策略。对收到的 14 个策略，外加一个完全随机策略，阿克塞尔罗德以循环赛的形式互相配对进行 200 轮的重复博弈。竞赛结果是，最高平均分由最简单的"以牙还牙"策略夺得，该策略只是头一步合作，之后跟随另一位参与者的任何行动。在公布了第一次竞赛的结果及对结果的分析（说明"以牙还牙"策略何以胜出）之后，阿克塞尔罗德又组织了第二次比赛，这次共有来自 6 个国家的 63 个程序策略参加比赛（参赛者的专业领域除第一轮中出现的 5 个外，还增加了进化生物学、物理和计算机科学），其中包括"超级宽恕"程序、"两怨还一报"策略，和旨在整整参赛"愚笨好人"的"狡诈""不友善"策略，但最终获胜的仍然是"以牙还牙"策略。此后，阿克塞尔罗德又进行了第三次比赛，这次主要是沿着演化博弈（又名进化博弈）的思路，在改变电脑程序后让第二次比赛的所有参赛策略重新进行比赛，以期从对抗赛中找出演化稳定策略。为达到这一目的，阿克塞尔罗德先将 63 套策略程序存入电脑，让其作为演化博弈的第一代，总共进行 1000 代的演化博弈。每一代的对抗博弈赛结束时，每一种策略的胜利并不像前两次比赛那样根据所得分数来评判，而是根据每种策略产生后代的数量来决定。随着逐代之间对抗博弈的进行，有些策略逐步变得稀少，有些甚至完全消失了，而其他策略则变得多了起来。结果表明，几乎

---

[1]　参见［美］阿维纳什·迪克西特、苏珊·斯克丝、戴维·赖利：《策略博弈》（第 3 版），蒲勇健等译，中国人民大学出版社 2012 年版，第 337~338 页。

所有"诡诈型"策略都在 200 代左右完全消失了,"以牙还牙"策略仍然在比赛中表现出色,其他 5 种"善良而不懦弱"的策略也和"以牙还牙"策略同样成功,当演化博弈竞赛中所有"诡诈型"策略绝迹后,"以牙还牙"策略与其他"善良而不懦弱"的策略之间并不存在真正的差异,因为他们在本质上都是善良的,只会向对方出合作牌。阿克塞尔罗德认为,"以牙还牙"策略之所以在三次比赛中都取得成功,其原因在于,这一策略在本质上是善良的,但遇到对方背叛时,它马上报复,又不可欺(其他5 种"善良而不懦弱"策略在第三次比赛中表现出来的成功,揭示了康德刑罚理论的缺陷,可以作为本书提出的刑罚报应理论的证明:在存在较好社会合作的情况下,绝对意义上的等量报应并不是绝对必要的)。事实上,在我们的社会中,无论是出于理性的考虑还是情绪使然,"以牙还牙"已成为普遍接受的行为策略和社会规范,如此行事的人被认为讲义气、有骨气;相反,习惯于总是原谅别人的人被认为窝囊。[1]

不可否认,阿克塞尔罗德所进行的三次比赛并不足以排除一切怀疑,在绝对意义上确立"等量报应"式的刑罚适用原则,但结合笔者前述对等量报应刑罚正义标准的合理性分析,我们能够有信心地得出结论,康德基于平等原则的等量报应刑罚正义标准对自然状态下的犯罪行为明显具有堪称完美的适用表现。

(2) 黑格尔刑罚理论适用于自然状态下的犯罪行为是极其荒谬的。

与康德刑罚报应理论在自然状态下近乎完美的适用表现形成鲜明对照的是,黑格尔刑罚报应理论在自然状态下的适用则是荒谬的。一方面,根据黑格尔的刑罚报应理论对发生于自然状态下的"犯罪行为"适用"刑罚"将因过于严厉而陷于荒谬。根据黑格尔刑罚报应理论,相较发生于秩序良好社会中的犯罪,犯罪在混乱的社会状态下具有更大的社会危害性,考虑到自然状态是完全违背社会理性的、极度混乱的社会状态,这必然要

---

〔1〕 参见 [美] 罗伯特·阿克塞尔罗德:《合作的复杂性——基于参与者竞争与合作的模型》,梁捷等译,上海人民出版社 2008 年版,第 15~23 页。

求对发生于自然状态下的犯罪适用极为严厉的刑罚，黑格尔所说的"对偷窃几分钱或一颗甜菜的人也可以处以死刑"是对这一社会状态下刑罚严厉性的最好阐释——这与康德刑罚理论存在根本不同。与等量报复相比，过量报复在此并不能给受害人带来利益，却损害理性人作为整体存在的利益（社会公共利益），与依康德刑罚报应理论适用刑罚将促进社会和平、社会合作进而有利于社会整体利益和个人长远利益不同，依黑格尔刑罚理论对自然状态下的犯罪适用极为严厉的报复必将导致社会的衰亡，就此而言，其陷于荒谬是必然的。

另一方面，在自然状态下，就犯罪行为造成的损害来说，要求犯罪人在承担刑事责任的同时进行民事赔偿则是既不合理，也不现实的。这固然是因为在自然状态下根本不存在财产制度，个人不可能拥有用于赔偿的个人财产，因而是既不合理，也不现实的（我们可以设想犯罪发生于原始社会）；但更重要的是，这也是违背自然规律的——黑格尔刑罚报应理论陷于荒谬同样是必然的。在对犯罪人适用刑罚，使其承担极为严厉刑事责任的同时，要求犯罪人承担民事损害赔偿责任，势必会使犯罪人处于不利地位，这不仅违背基于理性的平等原则，而且违背自然规律，将迫使在自然状态下一般来说居于弱势地位的犯罪被害人在生存竞争中占据优势地位——设想狼咬伤了羊的情况，上述规则的适用结果将使这一点更为明显：狼不仅应受到比羊更为严重的伤害，而且还应对羊进行损害赔偿，使羊如同没有受到伤害一样——这明显是违背自然规律的，从而鲜明地揭示出黑格尔刑罚报应理论的荒谬性：自然规律与道德法则固然在实践中常常是相互冲突的，但之所以如此，则是源于人的理性有限性，这种冲突在完全理性意义上是不可能存在的。黑格尔刑罚理论适用于自然状态下的犯罪所导致的自然法则、道德法则在绝对意义上的相互对立深刻地揭示了其自身所具有的荒谬性。

2. 康德、黑格尔刑罚理论适用于理想完美社会状态下犯罪的合理性审视

人类社会的理想完美状态符合康德意义上"目的王国"的一切标准。在这一社会状态下，一方面，社会中的每个人作为独立、平等的社会主体

受到平等尊重；另一方面，尽管个人由于理性缺陷仍会实施违法犯罪行为，但社会的组织化达至完美，任何行为人的行为都被社会置于有效的认识、管理之下，于是，个人利益融合为统一的社会公共利益。

在理想完美社会状态下，任何侵害社会或特定个人的行为，虽然直接体现为对社会或其他特定个人的侵害，但由于行为被置于社会理性完全、绝对意义上的认识、管理之下，实现了个人利益与社会公共利益的完美统一，侵害最终只能是对行为人自身利益的损害，根本不可能给行为人带来利益，这使得犯罪行为必然是非理性的，是基于行为人自身错误发生的（这与自然状态下的犯罪行为形成鲜明对照，在自然状态下，能获得利益的任何犯罪行为都是符合理性的，对行为人来说都是正确的）；相应地，我们也不难理解，如果在犯罪人对犯罪造成损害作出有效赔偿的情况下，仍对犯罪人现实适用刑罚，刑罚所造成的损害虽然直接体现为对犯罪人造成的损害，但鉴于在理想完美社会实现了个人利益与社会公共利益的完美统一，刑罚对犯罪人个人造成的损害，在最终意义上也是对社会公共利益造成的损害。于是，犯罪和刑罚就对社会构成了双重意义的损害，这同样是违背理性的。明显的是，在理想完美社会状态下，犯罪的刑罚适用标准是明确的：要求犯罪人承担民事责任即可有效调整受到犯罪行为损害的社会关系，根本不需要对犯罪人现实地适用刑罚，也即对犯罪人适用的合乎理性的、必不可少的刑罚量是零（有人可能会提出，即使在一般现实社会条件下，如果犯罪能够被有效认知，民事损害赔偿同样应该能够足以有效遏制犯罪发生，但事实并非如此，诸多民间纠纷引发的伤害、凶杀案件就是明证）。

理想完美社会条件下犯罪的前述刑罚适用标准完全符合黑格尔刑罚报应理论，却与康德刑罚报应理论截然对立。考虑到黑格尔明确认识到犯罪在较好社会秩序之下社会危害性较小，对于理想完美社会状态下的犯罪行为，仅要求犯罪人承担民事责任，而不对犯罪人现实适用刑罚是完全合乎黑格尔刑罚理论的，黑格尔刑罚理论在理想完美社会条件下就具有了完美意义上的合理性（不可否认，黑格尔本人并没有清晰地认识到这一点，他要求在杀人的场合必然要适用死刑[1]）。相对地，康德要求等量报应的刑罚适用明显是既有害于被害人利益（不能得到损害赔偿）和社会整体利益（犯罪、刑罚构成对社会的双重损害），也有害于犯罪人利益（与依等量报应原则承担刑事责任相比，承担民事责任是更为有利，也更合乎理性的，如果承担民事责任是可能的话），康德刑罚报应理论在理想完美社会状态下明显是荒谬的、违背理性的。

不可否认，纯粹的自然状态、人类社会理想完美状态都不是真实的存在，只是我们想象的产物（但它们并非完全没有根据、不具有现实性），由此可能受到的指责是，认为以现实中不存在的事物作为证据是不可靠的。笔者对此不能认同，正如几何学中的虚线、延长线一样，它们只是我们用以说明问题的工具——在这里，它们被用以说明刑罚正义标准问题，用以说明康德、黑格尔刑罚正义标准各自具有的合理性和缺陷，这与二者在现实中是否真实存在无关。

前述康德、黑格尔刑罚理论各自适用于自然状态下、理想完美社会状态下的犯罪行为呈现出的完美有效性或荒谬性，就解决罪刑关系理论问题而言，在两个方面具有重要意义。一方面，前述探讨就自然状态下、社会理想完美状态下犯罪行为确立的承担刑事责任、民事责任的明确标准，为我们在一般意义上确定罪刑关系，建构更完善的罪刑关系理论确立了两个明确清晰的参照点。另一方面，彰显了康德、黑格尔刑罚理论各自具有的合理性及其缺陷——呈现了康德（或黑格尔）刑罚报应理论单单着眼于个人利益（或社会公共利益）处理罪刑关系问题的合理性，也揭示了其无视犯罪、刑罚涉及的社会公共利益（或个人利益）所不可避免具有的缺陷，阐明了正确处理罪刑关系问题需要兼顾个人利益、社会公共利益在罪刑关系中具有的意义。

如何在综合考虑个人利益与社会公共利益的基础上处理罪刑关系呢？在笔者看来，这在本质意义上需要考虑犯罪情势的社会组织化水平在罪刑

---

[1]　参见［德］黑格尔：《法哲学原理》，范扬、张企泰译，商务印书馆1961年版，第106页。

关系中具有的意义。这主要是考虑到，社会公共利益在何种程度和意义上能够体现、统一个人利益是由社会组织化水平内在决定的，只有着眼于犯罪情势的社会组织化水平审视罪刑关系，我们才能真正理解个人利益、社会公共利益在罪刑关系中具有的意义，才能兼顾个人利益、社会公共利益两个方面处理罪刑关系。

（二）社会组织化水平与罪刑关系间在理论意义上如何相关

由于人们总是现实地生活于社会之中，现实犯罪也只能是发生于特定的、具体的犯罪情势之下。对于特定的犯罪来说，社会组织化水平成为犯罪情势必然具有的属性，这就决定了社会组织化水平与罪刑关系在理论意义上的相互联系，即在不考虑社会现实偶然性因素影响的基础上，在理性逻辑范围内探讨二者间理应存在的相互影响关系，对于我们现实地兼顾个人利益、社会公共利益处理罪刑关系，进而建构更完善的刑罚理论而言，是具有重要意义的。

着眼于社会组织化水平，现实社会、现实的犯罪情势都只能是处于自然状态与人类社会理想完美状态之间的某处位置，个人利益与社会公共利益之间的关系在现实上就只能是既具有对立性、又具有统一性的，只是二者在何种程度上对立，又在何种程度上统一，存在不同程度的差异。二者间的对立统一关系取决于社会的组织化或社会化程度，也即取决于社会的完美程度，较高的社会组织化程度意味着较完美的社会，意味着个人利益与社会公共利益较大程度的统一，而较低的社会化程度则意味着个人利益在较大程度上是各自独立的，难以在社会公共利益中得到反映——在犯罪情势各不相同的社会组织化水平之下，个人利益与社会公共利益之间相应地呈现出各不相同的对立统一关系。进而也不难理解，片面地着眼于个人利益的康德刑罚报应理论与片面地着眼于社会公共利益的黑格尔刑罚报应理论在解决现实罪刑关系问题时虽然都会表现出合理性，但也都不可避免地会表现出不足；进而不难理解，罪刑关系问题明显仍是需要进一步思考解决的重大理论问题。

社会组织化水平与罪刑关系，也即犯罪情势社会组织化水平与犯罪刑事责任、民事责任之间究竟是如何紧密联系在一起的呢？基于前述我们所确定的在自然状态、理想完美社会状态下的罪刑关系（在自然状态下，等量适用刑罚，所需承担的民事赔偿责任是零；相对地，在完美社会状态下，犯罪人无需承担刑事责任，也即需要适用的刑罚量是零，但需要对犯罪损害承担全部民事损害赔偿责任），如果将现实社会的社会组织化水平设想为一个从自然状态到理想完美状态的不间断的、连续变化的过程，刑罚适用标准也必然相应地呈现为一个不间断、连续变化的过程。随着社会从自然状态逐渐过渡到理想完美社会状态，犯罪人的刑事责任必然呈现出从等量适用刑罚到无需适用刑罚的逐渐减小的连续变化形态；而民事责任则表现为相反的变化过程，即从无需任何民事损害赔偿到全部民事损害赔偿的逐渐增大的连续变化过程（假定犯罪损害可藉由民事责任得到完全恢复）。就同一犯罪来说，在犯罪情势社会组织化水平较高时，意味着较轻的刑事责任和较重的民事损害赔偿责任；而在社会组织化、社会化程度较低时，意味着较重的刑事责任和较轻的民事损害赔偿责任；以致在自然状态下仅需承担刑事责任，而无需承担民事损害赔偿责任，在理想完美社会状态下则无需承担刑事责任，仅承担民事损害赔偿责任即可有效调整犯罪人与被害人、与社会之间的社会关系（值得注意的是，这并不排除基于现实偶然因素的影响导致前述罪刑关系存在不同程度的偏离，如基于部分犯罪没有受到惩罚而对被有效追诉犯罪行为施加较重刑罚，只是这种偶然性在此不予考虑）。由于在这一变化过程中我们仅考虑社会组织化水平对罪刑关系的影响（就同一犯罪来说，在理性范围内影响罪刑关系的因素都可以在社会组织化水平上得到反映），可以想象，在最简化意义上，同一犯罪损害的刑事责任、民事责任与犯罪情势社会组织化水平间的关系可用下面图1中的直线线段表示；而在考虑到作为社会组织化表现形式的社会合作能够使社会关系更有效地发生，从而使刑罚水平降低时，犯罪情势社会组织化水平与犯罪损害刑事责任、民事责任间的关系可以更准确地表现为图2中的曲线。

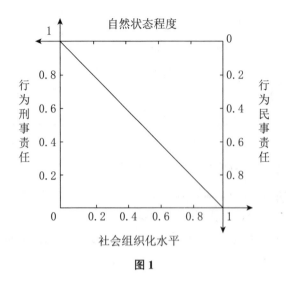

图 1

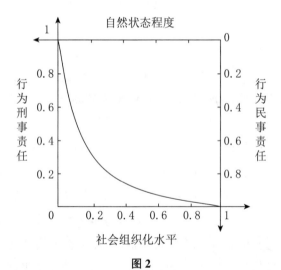

图 2

（三）罪刑关系与康德、黑格尔刑罚理论各自存在的缺陷分析

犯罪的刑事责任、民事损害赔偿责任在自然状态、理想完美社会状态及不同社会组织化水平之下的犯罪情势中各不相同的适用方式，清楚地表明了犯罪的刑事责任与民事责任在不同社会组织化水平条件下（在理性逻辑上）理应是各不相同的，二者之间的关系既不是刑事责任排斥民事责任

（如康德刑罚理论所要求的），也不是犯罪人在并列意义上承担的各自独立的责任（如黑格尔刑罚理论所要求的那样）。两种责任的承担是紧密相关的，严格来说，在理性逻辑意义上或在理性范围内，二者是补充关系：就犯罪损害来说，存在以刑事责任方式承担责任的部分和以民事责任方式承担责任的部分之间的区别。与犯罪情势的社会组织化水平相适应，在犯罪情势受社会理性有效支配的程度和意义上，也即在个人利益与社会公共利益有效统一的程度和意义上，以民事责任限制或替代刑事责任。这清楚地表明了现实刑事司法实践存在的问题，也表明了康德、黑格尔刑罚报应理论都是存在缺陷的：康德没有看到民事责任对追究刑事责任具有的意义，而黑格尔则没有看到刑事责任与民事责任是如何紧密联系在一起的，没有看到刑事责任的承担如何影响民事责任的承担，而民事责任的承担又如何影响刑事责任的承担。

（四）理解康德、黑格尔刑罚理论缺陷：社会组织化水平何以会影响
　　　罪刑关系

康德、黑格尔刑罚理论何以在前述不同社会组织化、社会化水平的犯罪情势之下不同程度地展现出缺陷呢？在笔者看来，这固然与二者在处理罪刑关系时片面地着眼于个人利益或社会公共利益视角有关，但其根源则是二者都忽视了犯罪情势社会组织化水平在罪刑关系中具有的意义。

合乎理性的社会组织化、社会化水平反映了社会符合理性、受到理性支配的程度（下面所说的社会组织化或社会组织化水平，除有特殊说明外，都是在该社会组织化合乎理性的程度和意义上而言的，但这并不排除这里的社会组织化仍是不充分的），其不仅影响特定社会、特定社会情势下个人利益与社会公共利益之间的对立统一关系——在具体的犯罪情势之下，这有时体现为犯罪人与被害人或社会间各自利益与二者共同利益或损害之间的对立统一关系，而且影响犯罪、刑罚对个人利益或社会公共利益具有的价值和意义，犯罪情势的社会组织化水平对犯罪与刑罚之间的关系具有直接影响是自然的。这种影响主要表现在以下三方面：一是社会组织化水平提高将使人们能够更有效地进行社会合作来创造和分配社会财富、

承担和分配损害风险，个人利益在社会公共利益（这有时体现为犯罪人与被害人的共同利益）中能够得到更好的反映，社会公共利益在人们的生活中具有更重要的地位，这使得通过合法的社会合作谋取个人利益对个人来说是更为符合理性的，在人的利益格局中也具有更重要的地位；相应地，相对降低个人通过犯罪行为能够获取利益的价值，使实施犯罪的现实需要减少，刑罚需求相应降低。二是社会组织化程度的提高将使社会得到更有效的管理，犯罪能够得到更有效的发现和惩治，这同样减少了犯罪存在和刑罚需求的空间（这使得社会组织化水平总是相对于具体犯罪行为而言的）。三是社会组织化水平的提高将使社会成员之间的关系更为公平合理，每个人都得到更为充分的尊重，减少了人们之间不必要的冲突，这使得以犯罪来谋取个人利益成为不必要的，是违背理性的——这与第二方面是密切相关的。

　　基于前述三个方面的原因，社会组织化水平不仅能够影响犯罪存在的范围和意义，而且能够在总体上影响一个社会现实的罪刑关系或刑罚水平。社会组织化缺陷（社会管理缺陷）为犯罪提供的空间以及通过犯罪可以获取的利益，总体上决定了一个社会现实发生的犯罪量及需要适用的刑罚水平。在原始社会（其社会组织化水平是很低的），一方面社会管理水平、组织化水平低，犯罪较少可能受到惩罚；另一方面，由于社会生产能力低下、生存条件严酷，犯罪行为获得的利益，即使是微小的利益也足以影响犯罪人能否顺利地生存繁衍，从而具有很高的价值，这就决定了犯罪在原始社会必然是大量发生的。考古学家劳伦斯·基利的研究证实了前述判断，他认为多达20%至30%的古代男人死于群体间的暴力，原始社会的暴力水平远远高于当今社会。[1]在社会关系严重对立的专制社会——这意味着人们彼此之间存在冲突，难以进行有效的社会合作，社会生产能力不足、效率低下，社会自然总体贫困，这使得犯罪获得的利益对犯罪人的生存来说往往也具有很高的价值。即便如此，在社会管制较严的情况下（在

----

[1] Keeley, Lawrence, *War Before Civilization: The Myth of the Peaceful Savage*, Oxford University Press, 1996. 转引自［美］迈克尔·舍默:《道德之弧:科学和理性如何将人类引向真理、公正与自由》，刘维龙译，新华出版社2016年版，第77页。

这种情况下往往具有很高的社会组织化水平，但这种社会组织化水平在很大程度上却是违背理性的，如在和平时期却实行军事化管理的社会），由于人们的行为空间受到严格限制，犯罪现实发生的空间自然也被大大限缩，社会通常仍然会表现出稳定状态的假象，犯罪往往并不会大量发生；而在上述专制社会发生社会动荡、不可能进行有效组织管理的情况下，犯罪必然呈现暴发性的增长。但无论社会稳定与否，考虑到犯罪所获利益即便很小也具有很高的价值（往往事关生死），严酷刑罚在严重对立的专制社会都是必不可少的。而在社会秩序得到有效管理、合乎理性的社会组织化水平较高的社会，一方面合乎理性的有效社会合作保证了社会生产的有效性，保证了社会的整体富裕，放弃犯罪、积极参与合法社会合作获取生存发展利益作为人们赖以生存的手段是符合理性的选择，将犯罪行为获得的利益置于整个人生过程进行权衡时，其价值必然是极轻微的；另一方面有效的社会管理也为犯罪提供了较狭窄的空间，使犯罪更易于受到惩罚，这就决定了在社会组织化程度较高的社会，犯罪必然是不常发生的，而刑罚则相应轻缓。

明显地，在不同的社会组织化水平之下，个人利益与社会公共利益间的对立统一关系不同，同一犯罪行为会表现出不同的理性特征，因而所需要的刑罚量是不同的。同样可以预见的是，随着人类历史的演进，随着人类认识能力的发展，人类理性能力日益提高，社会管理水平日益精进，人们之间的合作必将逐渐取代对抗而趋于和平，犯罪数量及其危害程度都将会是一个逐渐减轻的过程，刑罚趋于轻缓是必然的（世界刑罚发展史很好地表明了这一点，这间接证明了前述分析的合理有效性），尽管现实中受到各种偶然因素影响，这一过程可能充满了反复，但总体趋势是不可改变的。

反映、决定个人利益与社会公共利益间对立统一关系的社会组织化水平，是人类社会在本质意义上必然具有的属性。不仅不同社会具有各不相同的组织化水平，而且同一社会的不同领域、同一情势对于不同犯罪来说，对于人们相互之间建立起的各不相同的现实社会关系来说（如邻居间形成的现实社会关系就有友好、对立、严重对立的不同），其社会组织化水平及其具有的意义也是各不相同的，这使得社会组织化水平不仅能够在总体上影响特定社会的罪刑关系，而且对一个社会中特定种类的犯罪及特定具体犯罪的罪刑关系也具有影响和决定作用。由于犯罪利益在个人利益整体中具有的地位不同，社会或国家在不同社会领域、不同具体情势下现实的或理应具有的认识支配能力的不同，人们理性处理相互关系的意愿、能力不同，因而不同社会领域、不同具体情势下的社会组织化水平是各不相同的，对犯罪现实或理应具有的发现和惩处能力也各不相同，这直接影响犯罪行为可能获得的利益及其价值，其能够影响罪刑关系是必然的。不同国家腐败犯罪的严重程度及刑罚适用存在较大差异，这固然与不同国家的发展水平有关，但其深层原因则在于各国的社会组织化水平不同，特别是在预防、查处腐败犯罪措施有效性上存在较大差异。而对于现实发生的盗窃行为而言，行为发生于公共场所（如电影院、商场）抑或私人住宅之内，社会对盗窃行为的影响支配能力具有明显差异。两种情势在社会组织化水平上自然也有较大差异，这直接决定了两种情势下刑罚适用上存在的重大差异：发生于密闭的私人住宅内的盗窃行为很难受到社会力量的阻止，在较小程度上受到社会理性的影响和支配，犯罪情势社会组织化水平较低，更可能对被害人造成严重伤害，从而理应承受较前者更重的刑罚；对于现实发生的"强迫交易"行为，犯罪行为发生于正常的贸易集市或夜晚的旷野，社会对客观上完全相同的"强迫交易"行为具有的认识支配能力明显是存在显著不同的，从而在定罪量刑上也应是截然不同的（前者应是强迫交易罪，后者则往往应定为抢劫罪）。两种情势下不同的社会组织化水平对犯罪行为内含的主观意志及我们如何判定犯罪行为的性质均是有影响的（后面将对此进行更深入分析）。

从前述分析可以看出，合乎理性的社会组织化水平体现了社会、犯罪情势受到社会理性影响和支配的程度，既反映了社会的治理能力，也反映了社会合作在社会运作中具有的意义，其不仅影响个人利益与社会公共利益之间的对立统一关系，而且影响犯罪行为的实施及犯罪、刑罚对个人和社会具有的价值，其对现实的罪刑关系具有直接的重要影响是必然的。忽视社会组织化水平在刑罚理论中具有的意义，使康德、黑格尔的刑罚报应理论均不可避免地存在缺陷：着眼于个人利益处理罪刑关系的康德没有看到人类社会的组织化、社会化给罪刑关系带来的影响；而着眼于社会公共利益处理罪刑关系的黑格尔则是没有认识到在社会化不完美的情况下个人利益与社会公共利益对立统一关系所具有的差异性，没有认识到个人利益在罪刑关系中具有的独立价值，进而也没有认识到人类社会组织化、社会化水平对罪刑关系具有的意义，难以对犯罪行为刑事责任与民事责任之间的关系作出正确判断。

前述着眼于社会组织化水平对罪刑关系的探讨，不仅揭示了康德、黑格尔刑罚理论各自具有的缺陷，彰显出建构更完善刑罚理论的必要性；而且在理性逻辑上推证出罪刑关系理应是如何存在的，证明了犯罪刑事责任与民事责任是在互补意义上存在的，这一推证对诸多现实犯罪、刑罚问题的处理无疑具有重要的指导意义。然而不容否认的是，虽然前述推证为刑罚理论建构指明了方向，但其自身仍不能说是一个完整意义上的刑罚理论，更完善的刑罚理论有必要在犯罪行为与刑罚间在理性基础上确立起因果意义上的必然联系，这仍是需要进一步回答的问题。

完整意义上的刑罚理论需要回答两个方面的问题：一是在逻辑上确立起犯罪行为与刑罚之间因果意义上的必然联系；二是考虑到理性有限性，犯罪和社会现实不可避免地会伴随着偶然性和不确定性，如何认识、处理影响犯罪结果的偶然性在罪刑关系中具有的意义。前一问题是传统刑罚理论，即狭义刑罚理论需要解决、处理的核心问题；而后一问题则是广义刑罚理论理应包含的内容，该问题在传统刑罚理论中并没有作为一个重大的基本理论问题得到认真对待。不可否认，传统刑罚理论也涉及一些偶然因素对罪刑关系的影响，如对犯罪未遂应从轻适用刑罚，对犯罪中止应该从轻、减轻或免除刑罚等；但也应该承认，传统刑罚理论对前述刑罚适用问题的处理在理论上是不彻底的，没有在犯罪未遂、犯罪中止与刑罚适用之间在量上确立起必然联系，偶然性因素作为影响罪刑关系的具有根本重要意义的问题，在传统刑罚理论中是被无视的。

第二章 基于犯罪理性属性对刑罚报应理论的重构

——兼论康德、黑格尔刑罚报应理论的缺陷

推证思路：由于社会组织化水平直接影响犯罪行为的价值意义，犯罪情势社会组织化水平自然与犯罪行为理性属性（工具理性和社会理性属性）存在直接的对应关系，决定了社会组织化水平对罪刑关系的影响着眼于犯罪行为理性属性同样是可以理解、推证的，我们也就能够在考虑社会组织化水平对罪刑关系具有意义的基础上，着眼于犯罪行为建构新的刑罚报应理论。

就刑罚理论来说，对人类社会组织化、社会化问题在罪刑关系中意义的忽视，在本质上是对犯罪行为自身理性属性问题的忽视，也即对犯罪行为在何种程度和意义上合乎理性，从而在何种程度上能够真正实现行为人意欲实现利益问题的忽视。刑罚理论是罪刑关系理论，建立在犯罪行为基础之上，要建构新的、更为完善的刑罚理论，对犯罪行为的理性属性加以审视，进而着眼于犯罪行为的理性属性在犯罪行为与刑罚间在质、量两方面建立起确定的、因果意义上的必然联系是必要的。

一、犯罪行为的理性属性

理性作为人的本质属性，是人类长期进化的产物，是人类能够有效地

组成社会共同体，实现繁荣昌盛的重要原因所在。建立在理性基础之上、合乎理性的行为理应能够更有效地实现行为人意欲追求的利益，有利于人之生存及行为目的之实现。但由于人的理性有限性会受各种偶然因素影响，行为理性往往是不完善的，这使得现实行为往往在不同程度和意义上具有理性缺陷，体现出非理性属性，影响行为的价值和意义。作为与民事行为相对存在的特殊行为类型，犯罪行为理性属性具有独特性，其虽然在社会层面的本质意义上具有非理性属性，但仍应是合乎工具理性的。

（一）犯罪行为本质意义上的非理性属性

犯罪行为本质意义上的非理性属性着眼于犯罪行为理性属性在社会层面上具有的意义。同一般行为一样，犯罪行为常常会因为自身理性缺陷以及与之对应的各种偶然性而不能实现行为人意欲追求的目的（如犯罪未遂）。从行为内在逻辑来看，这无疑是有害于行为人利益的，从而使现实犯罪行为在偶然意义上具有了非理性属性，其会影响现实犯罪行为的罪刑关系，是现实刑事司法实践必须面对和解决的重要刑罚理论问题。不可否认的是，传统刑罚理论也涉及一些犯罪中偶然因素对罪刑关系的影响，如对犯罪未遂应从轻适用刑罚，对犯罪中止应该从轻、减轻或免除刑罚等；但也应该承认，传统刑罚理论对前述刑罚适用问题的处理在理论上是既不成熟、也不彻底的，没有在犯罪未遂、犯罪中止与刑罚适用之间在量的意义上确立起必然联系。偶然性因素作为影响罪刑关系的、具有重要意义的问题，在传统刑罚理论中并没有得到很好的处理，很大程度上是被无视的。但就这里所探讨的反映犯罪与刑罚间必然联系的形而上学意义上的刑罚理论而言，犯罪行为本质意义上的非理性属性指的是内在于犯罪概念、为犯罪必然具有的非理性属性：犯罪的发生即意味着犯罪人与被害人间没有合乎社会理性法则地处理相互之间的关系，犯罪是且只能是社会理性失败的产物。虽然犯罪行为本身埋应是有利于行为人利益的，但犯罪行为作为有害于社会的行为，其所遵循、依据的主观意义上的行为准则必然是或理应被认为是违背社会理性法则的，其在理性逻辑上只能是有害于社会公共利益的。

犯罪行为在本质意义上具有的非理性属性，使其与民事行为在本质意义上区别开来。民事行为虽然在某些情况下会违反合同，有时会因理性失败或意料之外的偶然性因素给自身、他人和社会带来危害，构成民事侵权行为；但就行为遵循的主观意义上的行为准则来说，则是合乎或理应被认为（或推定为）合乎社会理性法则的。就行为的内在理性逻辑来说，民事行为理应是有利于社会整体利益或行为双方利益的（虽然科学研究过程中意外造成的财产和人员伤亡是有害于社会的，但科学研究本身却是有益于社会而合乎社会理性法则的；或者虽然允许幼儿自由活动会给他人造成伤害而构成侵权行为，但允许幼儿自由活动仍然具有积极的社会意义）。这与犯罪行为违背社会理性法则，其行为的内在理性逻辑就是有害于社会公共利益的具有根本不同（主要是出于功利考虑，实践上往往仅将违背社会理性法则，较为严重的危害社会行为作为法律上的犯罪）。

（二）犯罪行为的工具理性属性

虽然所有犯罪都是有害于社会、违背社会理性法则的，在社会层面上，即在本质意义上具有非理性属性，但着眼于现实的犯罪行为，犯罪仍然只能是犯罪人着眼于特定情势，为实现自身利益而有意实施的行为，这使得工具理性属性同样是犯罪行为理应必然具有的属性。尽管犯罪行为是有害于社会而违背社会理性法则的，但从犯罪行为工具理性的内在逻辑来看，却理应是合乎犯罪人行为目的，有利于实现行为人利益的。这并不排除犯罪行为可能因偶然意义上的错误而在事实上是有害于行为人自身利益的。

犯罪行为工具理性属性是指犯罪行为是否能够实现，以及在何程度和意义上能够实现犯罪人意图追求或理应追求利益的属性。这主要涉及紧密相关的两个不同层面的评价：一是在自然层面的工具理性评价，这对行为自身来说涉及犯罪行为是否能够合乎自然规律地实现犯罪人意图追求的直接目的，而对犯罪人来说则涉及犯罪行为是否符合犯罪人的人格特征，前者是行为在自然层面的外在合理性评价，后者则是行为在自然层面的内在合理性评价；二是社会层面的工具理性评价，这一评价考虑到犯罪人通过合法行为能够获得的利益，且犯罪行为被发现后具有受到惩罚的可能性，就犯罪行为预期获得利益（包括平等利益）在犯罪人利益整体中具有的价值来审视犯罪行为是否符合工具理性，也即是否有利于自身利益的实现。由于人们的价值体系和现实需要不同，这一评价在不同人之间、在同一人的不同现实生活背景之下会有很大差别。由此我们不难理解，考虑到刑罚适用的可能，犯罪行为虽然一般来说对大多数人而言在社会意义上不会获得有价值的利益，不能更好地实现自身的生存发展利益，是违背工具理性的。但现实中仍不可避免地会存在诸多犯罪行为，这或者是行为人赋予了犯罪行为以更大的价值，或者是低估了犯罪受到惩罚的可能性，均足以使犯罪行为对犯罪人来说成为"合乎"工具理性、有利于自身利益实现的。

具体犯罪行为的工具理性属性是由前述两个层面的理性评价共同决定的，但就这里所要探讨的刑罚理论问题来说，当犯罪行为在自然层面上符合工具理性的情况下——尽管我们不能排除因偶然因素影响而出现例外，但这却是合乎自然规律而理应如此的，从而能够成为也理应成为我们探讨、建构刑罚理论必要的前提性假设——犯罪行为在社会层面的工具理性属性是我们应予关注的。这主要涉及三个方面的内容，它们各自使合乎理性的罪刑关系呈现出鲜明的特征，深刻地影响着我们对现实罪刑关系的处理。

1. 犯罪情势社会组织化水平能够影响决定犯罪行为工具理性

如前所述，犯罪情势的社会组织化水平反映了社会符合理性、受到社会理性支配的程度，其不仅能够影响决定特定社会、特定社会情势下个人利益与社会利益间的对立统一关系，而且能够影响犯罪、刑罚具有的价值和意义，影响犯罪行为是否能够实现、在多大程度上能够实现犯罪人意图实现的利益，我们也就不难理解犯罪情势的社会组织化水平何以能够影响乃至决定犯罪行为工具理性属性了。

对于犯罪行为工具理性的评价，我们只有将犯罪行为置于行为发生的具体情势以及行为人现实生活的时代背景才能正确评价，这不仅与发生犯罪具体情势下（如发生在公共场所、私宅、深夜的野外等）的社会组织化水平相关，而且与整个社会的组织化水平相关（由于行为方式不同，被发现、被追诉的可能性不同，同一情势对不同犯罪行为往往具有不同的社会组织化水平）。受具体犯罪情势、时代背景社会组织化程度不同的影响，同一犯罪行为在社会层面的工具理性属性会呈现出不同的样态。在自然状态下，如果犯罪行为在自然层面合乎工具理性，即行为符合自身人格特征且能够实现意图追求的直接利益，则行为在社会层面自然也是合乎工具理性的，即有利于行为人利益的实现。而在社会组织化完美的社会条件下，由于个人利益与社会利益是完美统一的，犯罪行为虽然在自然层面可能是合乎工具理性且有利于行为人利益的，但综合考虑行为在社会层面具有的意义，考虑到对犯罪行为应当承担的责任，犯罪行为在最终意义上却必然是损害行为人自身利益的，行为最终只能是违背工具理性的，是建立在错误推理判断的基础之上的。而就现实发生的犯罪行为来说，由于其发生的现实情势既不是纯粹的自然状态，也非社会组织化完美的社会状态，在自然层面合乎理性的犯罪行为在何种意义及多大程度上在社会层面是合乎工具理性的，直接取决于犯罪情势的社会组织化水平，其原因在于：一方面，社会组织化水平影响决定了犯罪行为被追诉而受到惩处的可能性；另一方面，为社会组织化水平所决定的、人们藉由合法行为能够获得的利益的价值，也直接影响决定了具体犯罪行为取得利益在犯罪人利益整体中具有的价值和意义。

不可否认，作为犯罪行为根据或前提的被害人行为对犯罪行为理性属性具有重要影响，会影响犯罪行为的价值意义和现实的罪刑关系，但就这里探讨的刑罚理论来说，具有重要意义的仍然只能是犯罪行为自身的工具理性属性。由于刑罚理论反映罪刑之间的必然联系，而被害人行为在犯罪实施中仅仅具有偶然性意义，其作为犯罪行为实施前提和基础的一部分，在犯罪行为理性属性意义上仅仅具有背景性意义，其理性属性是理应也能够在犯罪行为理性中得到反映的。从理论意义上来说，犯罪与刑罚之间存在的必然联系只能直接建基在犯罪行为自身所必然具有的工具理性属性之上，犯罪行为工具理性属性在刑罚理论中具有根本性重要的意义是自然的。

2. 犯罪情势的社会理性与犯罪行为工具理性间的对立关系

社会组织化水平对犯罪行为价值和意义所具有的决定作用，使作为犯罪情势社会组织化本质属性内在根据的社会理性只能与犯罪行为工具理性处于正向对立状态，排斥并限制犯罪行为工具理性存在的空间。符合理性的社会组织化，总是以社会理性为前提和根据，其总是意味着社会关系的理性化，意味着人们之间的合作以及对有害社会行为的防范和惩治，意味着个人利益与社会公共利益的统一。在现实犯罪情势合乎社会理性的程度和意义上，符合社会理性、合乎社会理性法则的行为总是能更好地实现行为人个人利益，而违背社会理性法则的行为则是既有害于社会利益，也有害于行为人自身利益的，社会组织化水平明显是社会完善程度以及受社会理性支配程度的标志。而犯罪行为则只能是损害社会整体利益的，意味着犯罪人利益与他人利益、与社会公共利益之间的对立（在最终意义上是与他人个人利益的对立），意味着人们不能合乎理性地处理相互之间的关系。这必然是直接违背社会理性的，犯罪行为合乎工具理性只能意味着社会理性的失败及其有限性，意味着犯罪情势处于自然状态。从而，作为犯罪情势社会组织化本质属性及内在根据的社会理性只能与犯罪行为的工具理性处于对立状态，总是排斥并限制犯罪行为工具理性存在的空间和范围。在社会组织化的程度和意义上，也即在受社会理性支配的程度和意义上，犯罪行为的实施只能是非理性的，只能建立在工具理性错误的基础上，是既有害于包括犯罪人和被害人在内的社会的公共利益，也有害于犯罪人自身利益的；而在犯罪行为合乎工具理性的程度和意义上，也即在犯罪行为有利于行为人自身利益的程度和意义上，犯罪行为必然意味着社会组织化或社会理性上存在不足和失败，意味着社会在犯罪行为合乎工具理性的程度和意义上处于自然状态。明显的是，与犯罪情势的社会理性、犯罪行为工具理性间不同程度和意义的正向对立相对应，就发生于这一情势之下的犯罪行为来说，犯罪情势在相应程度和意义上存在自然状态和社会理性有效支配状态的区别和对立。

3. 犯罪行为工具理性只能以信心程度或概率的形式呈现出来

现实世界中存在大量的"不可降低的不确定性",[1]哪怕人们认为世界上存在某种潜在的决定性结构，但人们还是不得不承认，许多我们最关心的、与日常生活息息相关的事件仍然是我们无法完全了解的，它们与理论随机过程中的理想行为非常接近。那些在赌场或彩票中的事件虽然看起来是由确定的物理过程所"引发"的，但是其中的因果机制太过复杂，事件的决定因素太过微妙，因而最好是在概率论的框架下考虑这些情境——对于所有不确定情境中的判断，我们都应该用概率论来组织思维，哪怕我们对其中某些情况的因果机制比对赌场的了解更多或更少。[2]

合乎工具理性的犯罪行为预期之所以只能以概率的形式呈现出来，正是因为犯罪行为的决策过程涉及太多的不确定性。虽然人类经过千万年进化形成的逻辑推理能力以及内在于本能、基于直觉的决策机制为人们的行为决策合乎工具理性提供了保证，但由于现实的犯罪情势总是繁杂而令人困惑的，面临着太多难以或根本无法消除的不确定性，人们在现实情势之下决定是否实施具体行为时，一般来说根本不可能对行为及其结果进行完美的预测和控制，而我们的思维技能普遍具有的局限性也往往使我们作出的决策远非最佳选择（即使完全理性的思维过程也不能保证一定可以获得真实结论，因为还必须有符合实际的、有效的信息输入）。这使得，虽然人们现实的犯罪行为预期一般来说是或理应是合乎工具理性的，但这种合乎工具理性的犯罪行为预期却只能以信心程度或概率的形式表现出来。

合乎工具理性的犯罪行为预期只能以概率的形式表现出来，意味着犯罪行为是否合乎工具理性取决于作出行为决策的思维过程是否体现理性、符合理性，而不取决于预期的行为结果是否发生。犯罪行为符合工具理性并不是必定能够现实地增进犯罪人利益，而只意味着增加了利益实现的可

---

〔1〕 ［美］雷德·海斯蒂、罗宾·道斯：《不确定世界的理性选择——判断与决策心理学》，谢晓非等译，人民邮电出版社 2013 年版，第 67 页。

〔2〕 参见［美］雷德·海斯蒂、罗宾·道斯：《不确定世界的理性选择——判断与决策心理学》，谢晓非等译，人民邮电出版社 2013 年版，第 143 页。

能性（理性并不能确保成功，只是增加了成功的可能性[1]）。从下述事例我们不难理解这一点：一般来说，在同时掷两个骰子的游戏中，赌两个骰子都是一点的人是愚蠢的（该结果发生的概率仅为1/36），即使碰巧投出两个一点也是如此；但如果行为人因借高利贷无法偿还而面临严重伤害甚至死亡的危险时，下此赌注又是唯一可避免危险的筹钱方式，那么我们很难说行为不符合理性。

犯罪预期只能以信心程度或者概率的形式呈现出来，从另一角度来看，是犯罪结果将以概率的形式体现犯罪行为合乎工具理性的程度，这使得对于犯罪问题，对于犯罪与刑罚间的关系问题，我们有必要用概率论来组织我们的思维（概率论作为一种描述世界的语言，用以描述我们关于这个世界的信念之间的关系[2]），在犯罪与刑罚观念间，在质、量两方面建立起因果意义上的必然联系，这一必然联系在刑法理论或刑罚理论上只能体现为清晰明确的理性规则，而当这一规则作为产生其他规则的基础时，我们也可以将其称为原则，或将其视为处理罪刑关系的基本原理（principle 兼有原则、原理之意）。

犯罪行为理性属性，即在本质意义上的非理性属性及其所呈现的工具理性特征，直接决定了犯罪行为具有的价值和意义，自然会影响、决定我们对刑罚诸多理论问题的认知，其不仅是批判传统刑罚理论的利器，而且理应成为建构更为完善的刑罚理论的基础。

二、作为刑罚理论基础的犯罪行为理性属性

无论是刑罚理论建构，抑或处理现实犯罪行为的刑罚适用无疑都应是合乎理性的，这只有将犯罪行为建基于其必然具有的理性属性才是可能的，这使得如何认识并处理犯罪行为必然具有，更准确地说是理应具有的

---

[1]　[美] 雷德·海斯蒂、罗宾·道斯：《不确定世界的理性选择——判断与决策心理学》，谢晓非等译，人民邮电出版社 2013 年版，第 343 页。

[2]　[美] 雷德·海斯蒂、罗宾·道斯：《不确定世界的理性选择——判断与决策心理学》，谢晓非等译，人民邮电出版社 2013 年版，第 142 页。

理性属性对于刑罚理论的建构具有根本性的重要意义。

尽管犯罪只能是社会理性失败的产物，现实中，意料之中或意料之外的偶然因素也常常使我们的行为因违背工具理性而不能实现意欲实现的目的——这就犯罪行为的内在逻辑来说理应是有害于犯罪人利益的，会影响现实的罪刑关系；但就作为建构刑罚理论基础的犯罪行为来说，我们却必须对现实犯罪行为可能内含的意料之中或意料之外的偶然因素不予考虑，单纯地、理想化地将犯罪行为设定为合乎自爱原则、合乎工具理性的（二者是内在一致的），即是有利于犯罪人利益实现、有助于犯罪人生存的。

之所以在刑罚理论中我们必须将犯罪行为设定为合乎自爱原则、有助于犯罪人生存而合乎工具理性的，是因为考虑到犯罪行为唯有合乎工具理性从而是有利于犯罪人生存的，犯罪行为才能是合乎人的自然属性而具有必然性的（尽管这里的必然性并不是绝对的，仅仅具有概率统计上的意义），也才具有现实性，进而我们才能看清存在于犯罪人与被害人或社会间的利益上的对立统一关系。如此，作为反映犯罪、刑罚间必然关系的刑罚理论才能具有确实的现实基础，才有成立的可能。遗憾的是，既有刑罚理论鲜有对此给予重视者，这应该是导致现有刑罚理论总是存在各种各样问题的一个重要原因（黑格尔刑罚报应理论更是将犯罪行为视为违背理性、没有存在根据的，正是由于没有看到犯罪存在的客观现实根据，其在某种程度上具有缺陷是必然的）。

三、犯罪行为理性属性决定的犯罪行为责任的理性特征

行为总是具有理性且内涵责任的（即使是过失行为也是如此），行为与责任在理性基础上理应是也必然是直接同一的；犯罪行为理性属性内在地决定了犯罪行为责任必然具有的理性特征。

（一）不可能绝对合乎理性地解决犯罪行为责任问题

不可能绝对合乎理性地解决犯罪行为责任问题，这在本质意义上是为犯罪行为本质意义上具有的非理性属性所决定的。一方面，犯罪的现实发生无可置疑地表明，在犯罪的特定情势下，在犯罪人与被害人之间缺乏解

决冲突共同接受的理性规则；另一方面，从根本意义上来说，我们不可能理解导致犯罪现实发生的理性失败的原因。这表现为，在犯罪行为被认为有利于生存、合乎工具理性的意义上（事实上，这既是建构刑罚理论的基础，也是对现实犯罪行为的应有推定），我们不可能找到导致犯罪现实发生的理性失败的原因（在犯罪行为因偶然因素影响而违背工具理性情势之下，我们往往能够明确地将导致犯罪发生的理性错误归于犯罪人）。前者是自明的，后者则有必要给予深入探讨。

在犯罪行为被认为合乎工具理性意义上，导致犯罪现实发生的社会理性失败的原因之所以是难以理解的，根源于人的理性有限性：本应有效支配犯罪人与被害人间现实关系的社会理性何以会失败是不能理解的。之所以不能理解，固然与现实情势的复杂性以及人们之间不可避免地存在的现实差异有关，但其根源则在于人们的理性有限性，以致应该如何在特殊现实情势基础上合乎理性地形成彼此之间的相互关系（不是合乎社会理性法则形成的人们之间的社会关系，因为一般意义上的社会理性法则难以反映或符合现实的特殊性）是人们不能准确认知的，人们自然不可能找到导致犯罪现实发生的理性失败的原因所在。就人们之间现实的社会关系来说，合乎社会理性的社会关系是关系双方和社会共同合乎社会理性地处理相互关系的产物，三者中任何一方在处理社会关系上的社会理性错误，都足以使社会关系成为违背社会理性的。尽管犯罪行为因违背社会理性法则而在道德上应当受到谴责，我们也不否认，在犯罪行为违背工具理性而有害于犯罪人利益的意义上，有时将导致犯罪现实发生的，导致社会理性失败的原因归于犯罪人往往是明显合理的（如一个人因好逸恶劳而以盗窃为生，或者将无辜者的手砍掉仅仅是为了观察无辜者是如何痛哭的），但在犯罪行为合乎工具理性或被认为合乎工具理性意义上（事实上，这既是建构刑罚理论的基础，也是对现实犯罪行为的应有推定），这只有在犯罪情势处于自然状态的程度和意义上才有可能。对于导致犯罪情势处于自然状态，使犯罪行为能够合乎工具理性发生的作为社会理性失败的原因究竟何在，究竟应该归属于乃至在何种程度和意义上应该归属于犯罪人、被害人抑或社会具有的社会理性错误（被害人低估或没有估计到受到犯罪损害的可能，社会没有进行有效的管理本身就是理性错误），是人们难以理解、不可清楚认知的（正是这些原因、这些社会理性错误理应被认为是合乎逻辑、合乎规律地导致犯罪的现实发生）。在现实中，人们往往并不了解自己做某事的真实原因，虽然表面上我们知道自己行为的动机，但深藏其中的进化动因往往藏在幕后，在潜意识下运行。[1]

就基于仇恨而导致的故意伤害犯罪来说，所谓导致犯罪的社会理性失败的原因不能认知是指，面对可能受到的报复和来自社会的制裁，从社会理性来看本不应发生，从整体来说只能带来损害的犯罪行为以及导致犯罪的被害人先前行为（如果这一行为在因果意义上存在的话，其只能是非理性的）何以仍然得到实施的原因是不能准确认知的，因此我们无法准确有把握地将造成损害的责任归于犯罪人或被害人。这使得藉由完全合乎理性方法有效调整双方之间的关系是不可能的，也即根据逻辑推理不可能解决双方之间的冲突。就前述康德设想的下级军官因受侮辱而在被迫参加的决斗中杀死对方的案件来说，下级军官的行为是否该当侮辱，又该当何种侮辱？下级军官实施什么样的反击行为是正当的？在侮辱行为发生之前双方之间存在什么样的冲突，各自应承担什么样的责任？这些问题在双方间明显是不可能达成共识的，第三者更是不可能给出答案的。悲剧的发生是双方共同作用的结果，将责任绝对化地归于一方只能是错误的（因为犯罪作为行为方式是千百万年进化的产物，对犯罪前述推理的理解必须建基于演化博弈理论）。

而就以获取现实物质利益为目的的犯罪来说，犯罪的非理性特征固然可能涉及犯罪行为自身存在的非理性特征（如贪婪、愚蠢），但也可能涉及在社会、被害人方面存在的非理性特征，如社会财富分配不均损害了犯罪人的生存利益，被害人对犯罪情势中存在的侵害风险估计不足、没有采

---

〔1〕〔美〕道格拉斯·肯里克、弗拉达斯·格里斯克维西斯：《理性动物》，魏群译，中信出版社2014年版，第184页。

取适当防范措施等。但导致犯罪的社会理性失败的原因究竟何在，犯罪人、被害人及社会各自应该对犯罪造成的损害承担什么样的责任才能绝对合乎理性地处理犯罪问题，这些都不是根据理性逻辑推理能够得到解决的问题。事实上，即使人们彼此均愿意理性合作促进各方共同利益，力求合乎理性地解决彼此间的纠纷，但限于理性有限性，最终因不能达成解决纠纷的协议而导致冲突、犯罪仍是经常发生的。

导致犯罪发生的原因在何种程度和意义上应该归属犯罪人、被害人抑或社会具有的理性错误是人们难以理解、不可清楚认知的，在犯罪行为合乎工具理性而能促进个人利益的情况下，我们固然难以绝对否认犯罪人应当承担的责任，但也不能绝对否认被害人、社会在导致犯罪发生上具有的责任，不可能绝对否认实施犯罪行为可能具有的正当性，至少在自然意义上的正当性是不能否认的，这决定了我们无法绝对合乎理性地在刑罚理论上解决犯罪行为的责任问题。

（二）犯罪行为责任仅能在相对合乎理性的意义上得到解决

虽然犯罪行为本质意义上的非理性属性决定了我们无法绝对合乎理性地在刑罚理论上解决犯罪行为的责任问题，但从自然意义上看，犯罪仍然只能是犯罪人、被害人、社会三者行为有意或无意间共同作用的产物，三者行为各自必然具有的工具理性属性，决定了将刑罚理论建基于理性基础，在相对合乎理性的意义上解决犯罪行为的责任问题既是必要的，也是可行的。

合乎理性的社会关系是各方共同合乎理性地处理相互关系的产物，建立、维持合乎理性社会关系有赖各方的共同努力。而导致人们无法理性处理相互之间的关系，使得犯罪作为错误发生的原因究竟应该归属谁，在何种程度和意义上应该归属犯罪人、被害人抑或社会具有的理性错误或缺陷，在犯罪行为合乎或被认为合乎工具理性时，是人们难以理解、不可清楚认知的。这使得，在相对合乎理性意义上解决犯罪行为责任问题的刑罚理论，只能是将刑罚作为社会机制的一部分来激励犯罪人、被害人及社会各自承担责任使自身行为符合社会理性的要求，这不仅涉及对犯罪人适用刑罚的问题，而且涉及被害人、社会各自如何承担自身的责任。适用刑罚所追求的只能是在犯罪情势受到社会理性有效影响支配的程度和意义上，确保犯罪人不能从犯罪行为中获得利益，从而限制、降低犯罪发生的可能性及其危害。

四、基于犯罪行为理性属性对康德、黑格尔刑罚理论的审视

（一）黑格尔刑罚理论在逻辑结构上具有缺陷，难以成立

如前所述，单纯着眼于社会公共利益处理罪刑关系，忽视个人利益、社会组织化水平在罪刑关系中具有的意义，使黑格尔刑罚报应理论不可避免地存在缺陷。但就真正认识黑格尔刑罚理论的缺陷来说，我们仍有必要着眼于犯罪行为理性属性揭示黑格尔刑罚报应理论在逻辑结构上存在的问题。

在逻辑结构上，黑格尔刑罚报应理论首要的问题在于其对犯罪行为的认知或设定是错误的。由于"犯罪是对法的否定"，我们需要以刑罚否定犯罪、"扬弃"犯罪以追求法和社会公共秩序的恢复——在黑格尔刑罚理论的这一逻辑推理中，作为否定、扬弃的对象，犯罪行为被认为是不具有正当性、没有存在根据的。对于自始与人类社会同在的犯罪，认为其没有存在根据明显是违背常识的，而认为其不具有正当性则明显是值得怀疑的。在笔者看来，犯罪的发生不仅有其存在根据，而且其正当性是不能绝对否认的（不可否认，犯罪在很多情况下不具有正当性，且往往是基于认知错误实施的，但我们却不可能在绝对意义上如此认定）。

一者，在社会处于自然状态的程度和意义上，只要犯罪的发生是合乎自然规律的，就是具有存在根据的，认为犯罪没有存在根据就是错误的、不符合事实的。不可否认，在犯罪情势受到法律或社会理性有效支配的程度和意义上，犯罪行为不可能取得利益，其发生必然是既有害于社会利益，也有害于犯罪人个人利益的，犯罪的现实发生必然建立在错误基础之上。相应地，在社会理性有效的影响支配范围之内，犯罪自然是没有存在根据的；但在犯罪情势受到法律或社会理性有效支配的范围之外，也即在

犯罪情势处于自然状态的程度和意义上（事实上，源于理性有限性，社会理性不可能影响支配现实社会的一切事务，社会总是在不同程度和意义上处于自然状态），犯罪只要在自然层面上是合乎工具理性的，其无疑就是能够促进犯罪人自身利益实现的，犯罪的发生就是自然的、合乎自然规律的，因而也是合乎正义的——只是正义在此是以自然正义的形式呈现出来的。

在现实社会中，虽然一般来说犯罪总是谴责的对象，但其正当性仍是不容绝对否认的，这既可以从哲学家的论述中，也可以从一些犯罪人的认知中得到证明。康德认为，战争是自然状态下的一种可悲的、以武力来肯定自己权利的必需手段，这里双方之中的任何一方都不能被宣布为不义的敌人，而是战争的结局决定了正义是在哪一方的。[1]当问题是要遵守义务时，却不可由此就强求一个人应该放弃自己的天赋目的，即幸福，因为正如任何一般有限的理性生物一样，他也是做不到那一点的。[2]尼采所谓的"在生命本能的驱使下所采取的行动，伴随而来的快感可以证明它的正当性"[3]也鲜明地呈现出犯罪行为在自然意义上具有的正当性。而在现实中，犯罪人也常常认为自己仅仅是以每一个理性人都会采用的方式应对被害人行为的。[4]由于人理性的有限性，人类社会绝非完美，总是在不同程度和意义上处于自然状态，我们也就不难明白犯罪为何能够合乎自然规律地现实发生并与人类社会同在。

二者，绝对否定犯罪行为可能具有的正当性，将犯罪发生的责任完全归于犯罪人是错误的。如前所述，合乎社会理性的社会关系是关系双方和社会共同合乎理性地处理相互关系的产物，而犯罪行为作为犯罪人、被害人（社会）理性失败的产物，其必然的逻辑前提是理性错误。对于导致人

---

〔1〕　［德］康德：《历史理性批判文集》，何兆武译，商务印书馆1990年版，第105页。
〔2〕　［德］康德：《历史理性批判文集》，何兆武译，商务印书馆1990年版，第173页。
〔3〕　［英］迈克尔·坦纳：《尼采》，于洋译，译林出版社2013年版，第99页。
〔4〕　［美］迈克尔·舍默：《道德之弧：科学和理性如何将人类引向真理、公正与自由》，刘维龙译，新华出版社2016年版，第279页。

们无法合乎理性地（这既不合乎建基于平等的社会理性法则，也不合乎现实法律）处理相互之间的关系，进而使得犯罪错误发生的原因究竟应该在何种程度和意义上归属犯罪人、被害人抑或社会具有的理性错误，是难以理解且不可清楚认知的。在此，犯罪行为固然可能是基于犯罪人自身的理性错误发生的，但也可能是基于犯罪被害人及社会的理性错误而合乎规律地发生的（如因受到社会难以认知并加以纠正的不正当损害而实施的犯罪行为），更多的是双方均具有不可推卸的责任（只是限于理性有限性，我们对真实情况无法确切认知）。在社会理性法则未能实现对社会关系的有效支配，犯罪情势处于自然状态的程度和意义上，人们明显无法否认行为人实施"犯罪"行为可能具有的正当性，断言犯罪行为在绝对意义上不具有正当性，没有存在根据明显是缺乏确实根据的，这就动摇了黑格尔刑罚报应理论的逻辑基础。

基于不可靠的或错误的前提进行形式上严密的逻辑推理所导致的结果仍然只能是不可靠的或错误的。理性的逻辑推理并不能消除逻辑前提中存在的错误和不确定性，只有以正确可靠的前提为基础的推理才能产生符合理性的结果。这使得，纯粹建立在理性的逻辑推理基础之上，以恢复法和社会秩序为指向的黑格尔刑罚报应理论虽然在逻辑上是清晰明确的，但由于错误地、绝对地将作为逻辑前提的犯罪行为视为不具有正当性、没有存在根据，无视了犯罪及其情势所具有的复杂性，最主要的是无视了犯罪行为可能具有却难以证明的正当性，从另一角度看，是无视了被害人或社会在导致犯罪发生上可能存在、却因理性有限性而难以或不可能证明的"过失或错误"，这就注定了黑格尔的刑罚报应理论是也只能是非理性的，其具有缺陷和错误是必然的。

黑格尔刑罚报应理论具有的缺陷，决定了其现实适用会产生两方面的问题。一方面，由于其无视犯罪行为可能具有的正当性，决定了其在实践中的适用将在整体意义上导致对刑罚正义的背离——正义的天平向犯罪"被害人"倾斜（只有在前述的完美社会状态下才能得到好的适用，但发生犯罪的具体社会情势却只能处于或被认为处于自然状态）。另一方面，适用刑罚不仅难以实现法和社会秩序的恢复，而且会带来更为严重的社会灾难。如果犯罪行为符合自然理性，即犯罪行为反映了犯罪人的人格特征，能够给犯罪人带来利益（一般来说，这是在理论和实践上对犯罪行为的应有推定），犯罪的发生则只能意味着产生现实社会秩序的社会理性的失败，意味着特定社会秩序本身是有问题的、病态的（如犯罪人与被害人间的关系本就处于非理性的对抗状态等），妄图依靠刑罚维持既有的病态社会秩序本身只能是违背理性的，而依靠刑罚修复受到犯罪破坏的病态社会秩序，使之合乎"理性"，更是疯狂的、不可能的，只会给社会、给人民带来灾难。

（二）威慑性刑罚适用不具有正当性

威慑性刑罚适用将会使犯罪人付出更大代价，其有时能够也理应能够更好地避免犯罪的发生，但我们仍然必须承认，威慑性刑罚适用并不具有正当性，这是由犯罪行为本质意义上具有的非理性属性所决定的。犯罪行为作为社会理性失败的产物，犯罪行为的逻辑前提是错误，这意味着，犯罪行为在理性意义上或者本身就是错误的，或者是以被害人（社会）错误为基础的合乎理性逻辑的、自然意义上的产物，这内在地决定了威慑性刑罚适用不具有正当性。一者，由于理性有限性，其既导致了人们无法理性且合乎现实地（不是合乎建基于平等的理性法则、法律）处理相互之间的关系，也使得犯罪现实发生的原因究竟应该在何种程度和意义上归属犯罪人、被害人抑或社会具有的理性错误，从根本意义上是难以理解、不可清楚认知的，虽然在某些情况下我们能够确定作为犯罪原因的错误何在（如以取乐、好奇为目的砍伤他人）。二者，错误是非理性的，绝不可能是人们有意为之的产物，犯错误者对自身错误也就只能是无意的、不自知的，至少在错误发生的当时是这样，威慑性刑罚适用明显不能减少错误的发生，其自然也不可能藉由减少错误来减少犯罪的发生，就此而言，威慑性刑罚适用不具有正当性。三者，当存在于犯罪被害人或社会的错误作为犯罪行为发生的基础业已发生时，犯罪行为作为错误合乎逻辑的、自然意义上的产物，其发生就是必然的、合乎理性的，以威慑性刑罚威慑犯罪行为实施就只能是违背规律的（这并不在一般意义上否认刑罚适用的正当性）——威慑性刑罚适用虽然理应能够阻止或减少犯罪人实施犯罪，但这毕竟是以正义为代价的，就此而言也是明显不具有正当性的。如在社会分配严重不公而危及部分人的生存时，以犯罪行为谋求生存利益的正当性就是不容完全否认的，以威慑性刑罚来防止犯罪就是不正当的。

现实中，只有不合理、违背理性、野蛮的社会秩序才需要以威慑性刑罚适用来维持，不合理、违背理性、野蛮的社会秩序也只有依赖威慑性刑罚适用才能得到维持，这是清清楚楚摆在我们面前的事实。

（三）康德刑罚理论虽有缺陷但反映了罪刑关系的本质

着眼于犯罪行为理性属性，我们不难理解，虽然康德刑罚报应理论具有缺陷，但其在本质意义上却是合乎理性的——作为处理罪刑关系依据的平等原则反映了罪刑关系的理性本质。如前所述，非理性属性作为犯罪行为的本质属性，虽然决定了我们不可能绝对合乎理性地解决犯罪行为责任问题；但犯罪行为作为犯罪人、被害人、社会三者行为有意或无意间共同作用的产物，三者行为必然具有的工具理性属性则决定了将处理罪刑关系的刑罚理论建基于理性基础，在相对合乎理性的意义上解决犯罪行为的责任问题既是必要的，也是可行的，理性是同一的，不会因人而异，理性作为人具有的本质属性决定了人理应是平等的，自然也要求平等。基于犯罪人和被害人间本应存在的平等关系，依平等原则处理罪刑关系的康德刑罚报应理论自然反映了罪刑关系的理性本质，其在本质意义上合乎理性是必然的，也是明显的。

康德刑罚报应理论依平等原则处理罪刑关系虽然在本质意义上是合乎理性的，但该理论在刑罚惩罚方式与尺度上奉行"以牙还牙"，追求损害效果上的绝对等同却是明显存在问题的——这无视了犯罪情势的社会组织化水平，从另一角度看是无视了作为社会组织化本质和内在根据的社会理性与犯罪行为工具理性不同程度和意义上存在的对立关系对犯罪行为价值及罪刑关系具有的意义。人们只能现实地存在于社会共同体之中，生活于社会共同体中的人们藉由社会合作以及良好的社会关系能够更有效地实现自身利益，这决定了社会组织化水平是人们处理罪刑关系不得不考虑的重要影响因素。犯罪情势更高的社会组织化水平，或者说作为犯罪情势社会组织化水平内在根据的社会理性对犯罪情势更高程度的影响支配能力，能够有效减损犯罪行为对犯罪人具有的价值，这必然使得较轻的刑罚适用就足以有效遏制犯罪的发生，"以牙还牙"或追求损害效果绝对等同的刑罚适用势必会在许多情势下对犯罪人以及社会共同体造成不必要的损害，而这明显是违背理性的，彰显出了康德刑罚报应理论具有的缺陷。

考虑到黑格尔刑罚报应理论在逻辑结构上存在的重大缺陷，而康德刑罚报应理论虽然因没有考虑社会组织化水平在罪刑关系中具有的意义而存在缺陷，但其在本质意义上却是合乎理性的，康德刑罚报应理论自然也就成为我们建构更完善刑罚理论的前提和基础。

五、刑罚报应理论再认识

（一）基于犯罪行为建构刑罚报应理论

作为犯罪情势社会组织化本质属性，内在根据的社会理性与犯罪行为的工具理性总是正向对立的，犯罪情势社会组织化水平与犯罪行为工具理性之间也就必然存在严格的对应关系。这使得，前文第一章第三部分所证明的社会组织化水平所影响决定的罪刑关系，在我们着眼于犯罪行为工具理性时同样是能够在理论上证成的，这就为我们在考虑犯罪情势社会组织化水平基础上，着眼于犯罪行为工具理性，依平等原则重构刑罚报应理论提供了保证与目标。

社会组织化水平反映或决定了犯罪情势在何种程度和意义上处于自然状态，而在相对程度和意义上因受到社会理性的有效支配而处于理想完美的社会状态。因此，理想的合乎现实的犯罪行为内含的工具理性，即理论意义上的犯罪行为内含的工具理性，与犯罪情势社会组织化水平之间在逻辑上存在着严格的对应关系，这决定了着眼于犯罪行为工具理性，我们同样能够判断犯罪行为在何种程度和意义上处于自然状态而在相对程度和意义上受到社会理性有效支配。进而对于犯罪行为造成的损害，在理性范围内，我们能够在观念上将其分为两个互补的部分：犯罪行为在犯罪情势处于自然状态的程度和意义上造成的损害，以及犯罪行为在犯罪情势处于理想完美社会状态的程度和意义上造成的损害。相应地，就犯罪行为造成的前述两部分损害，在理性范围内，依据平等原则，在互补的意义上存在刑事责任和民事责任的对立。就犯罪行为在犯罪情势处于自然状态的程度和意义上产生的损害，藉由刑罚报应或依据平等原则追究犯罪人刑事责任，犯罪行为产生的此部分损害由被害人、社会或国家自行承担（值得注意的是，刑罚作为刑事责任的现实存在的重要方式，作为犯罪行为在社会理性上的必然产物，其对犯罪人适用产生的损害，作为国家、社会必须付出代价的一部分，构成犯罪对国家、社会产生损害的一部分）。而对于犯罪行为在受到社会理性有效支配（犯罪情势处于理想完美社会状态）的程度和意义上造成的损害，犯罪人虽然仍应承担刑事责任，但考虑到该部分损害受到社会理性的有效支配，从功利角度看，这一部分损害的刑事责任却是能够也理应由民事责任加以替代的，从而成为犯罪人承担民事责任的根据。正是在这一意义上，犯罪行为民事责任与刑事责任是在互补意义上存在的，并且在本质意义上，犯罪行为民事责任是部分刑事责任的替代责任。这意味着，在犯罪人不能承担民事责任的情况下，犯罪人仍需要就该部分犯罪损害承担刑事责任，由此也就不难理解刑罚易科制度何以能够在许多国家成为一项重要的法律制度，也不难理解何以民事损害赔偿能够有效影响犯罪人的刑罚适用。犯罪人承担刑事责任合乎平等原则，犯罪人以民事责任替代刑事责任，这在犯罪行为受到社会理性有效支配意义上，也即在民法意义上同样是合乎平等原则的，这就使新的刑罚报应理论在完全意义上反映并贯彻了平等原则。

在犯罪情势受到社会理性支配而处于完美理想社会状态的程度和意义上，对犯罪行为造成的部分损害之所以能够以民事责任替代刑事责任，是因为犯罪行为在造成此部分损害的程度和意义上受到社会理性的绝对且有效的支配，犯罪人在犯罪行为受到社会理性有效支配的程度和意义上从犯罪行为中不会得到任何利益，从而我们理应能够基于理性认知或推断，依据民法上平等原则，基于过错责任，藉由犯罪人对被害人或对社会承担民事责任来有效遏制犯罪的发生。对直接以特定个人为被害人的犯罪，典型的如故意伤害罪，由犯罪人对被害人承担民事损害赔偿责任；而对于虽然有直接被害人，但犯罪并不直接针对特定被害人，仅在一般意义上以国家或社会为被害人的犯罪，如盗窃、抢劫、贪污犯罪等，民事责任以刑罚罚金形式呈现——将罚金刑视为对犯罪行为刑事责任的承担，但却以犯罪人就犯罪行为的部分损害向国家或社会承担民事责任的形式呈现出来，这不仅使罚金数额的确定具有了明确的标准和依据，而且能够消除罚金适用中面临的诸多难题。一方面确定了罚金适用的标准，另一方面避免了罚金往往最终由犯罪人亲属代为交纳、承受刑罚而受到的指责——犯罪人亲属代为履行民事责任是正当的，作为现实的利益共同体，犯罪人亲属在道义上有责任，并且在现实中往往也乐于代替犯罪人交纳罚金。在此，与刑事责任相比，民事责任在功利上是更为可取的：一者，在犯罪情势受到社会理性有效支配而处于理想完美社会状态的程度和意义上，犯罪行为受到社会理性影响支配，从而具有了社会理性属性，是不可能获得利益的，对犯罪损害施以民事责任就足以有效遏制犯罪的现实发生。二者，与刑事责任相比，采取民事责任的责任方式产生的损害更小，从社会整体来说追求平等而现实适用刑罚带来的损害就得以避免，这从功利的角度考虑无疑是更为可取的——于被害人存在的利益在于，与犯罪情势受到社会理性有效支配的程度相对应，在被害人对犯罪发生不存在过错的程度和意义上，被害人能够得到来自犯罪人的赔偿（在被害人存在过错时仍要在相应程度和意义上承担犯罪造成的损害）；对犯罪人来说，相对于等量适用刑罚，不仅依平等原则对损害承担民事损害赔偿责任是更为有利的，而且在免于适用自由刑时更是可以现实参与社会生活，这能为自身及社会创造财富，而在犯罪被害人有过错时，更是可以由被害人承担犯罪造成的部分损害。

如此，在考虑犯罪情势社会组织化水平的情况下，基于犯罪行为及其理性属性（工具理性属性和社会理性属性）重新建构了刑罚报应理论，其不仅阐明了在何种程度和意义上应当依据报应来适用刑罚以追究刑事责任，而且阐明了刑事责任与民事责任间的关系，进而实现了刑罚报应与功利在理论上的统一。在这里，刑罚报应与功利的统一虽然建立在犯罪情势的社会组织化水平之上，但也明显地直接内在于犯罪行为自身，是从犯罪行为自身直接可以得到理解的，这使得传统刑罚理论将刑罚报应与功利对立起来，在犯罪行为之外寻找刑罚正当性根据（如着眼于将来的犯罪预防）完全成为不必要的了，这对于传统刑罚理论无疑是一个巨大进步。

（二）何以犯罪人对部分犯罪损害无需承担民事责任

在传统法学理论，特别是黑格尔刑罚理论之下，本书所建构的新刑罚报应理论必须面对的批评是，在犯罪造成的损害作为适用刑罚的根据时，为何被害人的被损害利益是无需赔偿的？从民法理论的角度如何解释这一问题呢？这对于自身没有"过错"的被害人来说尤其是一个问题。

对于上述问题，笔者想要追问：对特定利益享有的权利，在社会组织化程度存在重大差异时是否能够现实地期望得到同等程度的保护？

在笔者看来，对上述问题的回答，我们必须着眼于权利的本质属性。权利在本质上意味着利益主张的正当性，这种正当性只有在理性范围内才有意义、才能存在，也即权利的存在以人们之间的社会关系受到社会理性支配为前提。对于现实地共同生活于社会中的犯罪人与被害人来说，尽管二者的社会关系理应受到社会理性支配，但犯罪的发生却总是意味着社会理性的失败，意味着犯罪人与被害人间的关系在现实上没有受到社会理性的有效支配，至少在行为作为犯罪来处理的程度和意义上没有受到社会理性的支配，从而在此种意义上也就不能设想权利的存在（在犯罪行为受到社会理性支配的程度和意义上仍然可以认为存在权利，被害人可据此得到损害赔偿，从而成为犯罪人承担民事责任的根据），否则就是不符合现实的：在犯罪行为合乎工具理性的程度和意义上，犯罪情势只能认为处于自然状态之下，在这种程度和意义上根本不存在合乎理性的社会秩序，这就使得以权利为根据的被害人的损害赔偿请求权是不存在的，即使是对于没有"过错"的被害人来说也是如此（事实上，使自身处于易受侵害的自然状态之下肯定是不符合理性的，在某种意义上，这本身就是可以归属被害人的"错误")。

（三）犯罪行为主观方面在新刑罚报应理论中具有的意义

犯罪行为主观方面是指犯罪人对自己行为及其危害社会结果所抱持的心理态度，包括犯罪主观罪过（犯罪的故意或过失）、犯罪目的和犯罪动机，其在传统刑罚理论对罪刑关系的处理中具有重要意义，是适用刑罚必须考虑的重要因素。新刑罚报应理论在罪刑关系处理中虽然没有直接考虑犯罪行为主观方面，特别是犯罪故意或过失具有的意义，但其并没有无视这些因素的存在，而是将其置于犯罪行为理性属性之下，藉由考察其在犯罪行为工具理性属性、社会理性属性中具有的意义，考虑其对罪刑关系的影响。由于犯罪行为主观方面对犯罪行为理性属性的影响并不单纯是一个理论问题，而更多地涉及新刑罚报应理论的现实适用，故犯罪主观罪过在新刑罚报应理论中具有的意义在此不作深入探讨，留待后文论述。

六、新刑罚报应理论主要内容总结

新刑罚报应理论在本质上是着眼于犯罪行为理性属性在罪刑关系上对平等原则的贯彻。主要涉及以下几个方面的内容：①所有犯罪都是有害于社会而违背社会理性法则的，具有非理性属性。②工具理性属性同样是犯罪行为必然具有的属性，涉及自然层面的工具理性和社会层面的工具理性；就作为刑罚理论基础的犯罪行为来说，我们必须将其假定为合乎工具理性且有利于犯罪人利益实现。唯此，犯罪行为才能合乎人性而具有必然性，也才能具有现实性，作为解决罪刑之间存在的必然关系的刑罚理论才能具有坚实的现实基础。③犯罪情势的社会组织化水平能够影响决定犯罪行为具有的价值和意义，作为犯罪情势社会组织化水平内在根据的社会理性与犯罪行为社会层面工具理性总是正向对立的。④犯罪行为工具理性总是以概率形式呈现出来，并与作为犯罪情势社会组织化水平内在根据的社会理性正向对立，这使得现实犯罪情势总是在不同程度和意义上处于自然状态（只有在犯罪情势处于自然状态的意义上，犯罪行为才能是合乎工具理性而有利于犯罪人利益的），而在相对程度和意义上因受到社会理性的有效支配而处于"理想完美的社会"状态。⑤对于犯罪行为造成的损害，我们能够在观念上将其分为两个互补的部分：犯罪行为在犯罪情势处于自然状态的程度和意义上造成的损害，及犯罪行为在犯罪情势处于理想完美社会状态的程度和意义上的造成的损害。⑥就犯罪行为产生的前述两部分损害，依据平等原则，在互补的意义上存在刑事责任和民事责任的对立：就犯罪行为在犯罪情势处于自然状态的程度和意义上产生的损害，依据平等原则、着眼于等量报应追究犯罪人刑事责任，犯罪行为产生的此部分损害由被害人自行承担；而对于犯罪行为在受到社会理性有效支配，从而处于理想完美社会状态的程度和意义上造成的损害，虽然犯罪人仍应承担刑事责任，但着眼于功利的考虑，这些刑事责任却是可以也理应（在现实可行的情况下）由民事责任加以替代的，从而成为犯罪人依民法规则承担民事责任的根据——这在社会理性有效支配意义上，也即在民法意义上同样是合乎平等原则的。⑦虽然人类作为长期进化的产物为其行为合乎理性提供了重要保证，但我们对犯罪行为理性属性却不可能有充分的认知和理解，犯罪行为工具理性最终只能以概率形式呈现出来。这使得，不论犯罪行为意欲实现利益为何、结果如何，除非行为明显地内含错误，现实犯罪行为都理应被推定为是合乎工具理性的，这就使基于犯罪行为理性属性建构的新刑罚报应理论能够很好地适用于现实犯罪行为。

犯罪情势社会组织化水平、着眼于犯罪行为理性属性对罪刑关系的探讨，使我们基于犯罪行为理性属性建构了新的刑罚报应理论。新刑罚报应理论在理性范围内、在单纯形式意义上确立了犯罪与刑罚之间在逻辑意义上、在质量两方面存在的必然联系（也可被称为因果关系），不是着眼于犯罪预防，而是直接建基于犯罪行为实现了刑罚报应与功利的统一，这在刑罚理论上无疑是一个巨大进步。但在笔者看来，着眼于有效处理现实的罪刑关系的需要，着眼于完整意义上认识理解刑罚报应理论，仍有两方面的理论问题需要解决，它们在传统刑罚理论中没有得到足够重视：一方面，考虑到人类社会现实的复杂性和理性有限性，刑罚报应理论在现实社会生活中是如何得到体现的，我们能够对其在现实社会生活、现实司法实践中具有的意义应该寄予什么样的希望，尽管传统刑罚理论在这一问题上有较多探讨，但不够广泛和深入，在认知上缺乏确定性；另一方面，对于犯罪行为实施过程中往往内含的诸多偶然性（它们使犯罪结果不同程度偏离犯罪行为意欲追求的目的，如犯罪未遂、犯罪中止等），我们如何在理论上理解其在罪刑关系中具有的意义——这是现实刑罚实践不得不处理的问题，传统刑罚理论也有实用方法来"解决"这一问题，但传统刑罚理论却从来没有试图在理论上确定犯罪行为内含偶然性与刑罚适用间的必然联系及其根据为何。这不得不说是传统刑罚理论存在的缺陷和不足，是需要作为广义刑罚理论的一部分加以解决的，构成刑法学理论的重要组成部分。

第二篇

刑法学基本理论的推证

第三章　犯罪概念与刑罚的使命

推证思路：新刑罚报应理论建基于犯罪行为必然具有的本质属性之上，内含我们对犯罪行为（逻辑）本质的全新理解和认知。考虑到犯罪概念在整个刑法理论体系中具有的重要地位，重新审视、定义犯罪概念是十分必要的。对犯罪概念重新定义如下：在受到或理应受到社会理性法则影响支配的社会关系范围内，违背平等原则、恶意损害他人利益的行为是犯罪行为；对于社会理性不能有效调整所涉利益关系的犯罪行为，应在相对合乎理性意义上依平等原则对犯罪人施加刑罚。

着眼于犯罪行为具有或理应具有的属性，我们建构了新的刑罚报应理论，在新的意义上确立了罪刑之间的关系，这一过程无疑丰富了我们对犯罪、刑罚问题的认知和理解。考虑到犯罪、刑罚问题在整个刑法理论体系中具有的重要地位，对犯罪概念、刑罚的使命重新加以审视，使之准确、清晰无疑是十分必要的。

一、犯罪概念在刑法理论体系中具有的地位

科学的理论，总是建基于对特定事物的特定假设基础之上，这种假设被认为构成科学所处理事物或现象具有的本质属性，这使得如何认识科学处理的对象，如何定义科学所处理对象的概念，是特定科学理论的根本性问题，是一个科学理论建构的前提和基础。

概念是固定的意义，是人们进行思想和逻辑推理的基本单位。每一种科学都具有自身特有的一些概念，蕴涵着特有的意义和原则。在一定条件下，一个原则又包含着其他的原则和规则，进而成为理解特定领域现象的密钥。有了这些概念及其构成的概念系统，相同意义的互相替代成为可能；推理也不限于个别的观察，而可以从（概念）暗示的原则推演到很远的结果。[1]如善、正义之于伦理学，点、圆、直线概念之于几何学，力、质量、惯性概念之于物理学等。如此也就不难理解，基本概念的准确、清晰在科学理论中具有重要地位，是实现任何重大科学进步的关键。不能对概念自身产生深刻兴趣的人，从来不可能在科学或哲学上成为一个卓然的思想者。[2]

具有明确清晰的概念基础对每一门理论科学都是绝对必要的。然而遗憾的是，虽然刑法、刑法学在人类历史上均具有悠久的历史，但人们对于犯罪概念这一刑法学理论的基本范畴却仍然不具有清晰明确的认知和理解。如此，刑法学理论何以会充满争议以至于呈现出整体意义上的不成熟，各国的刑法实践何以会存在重大差异，也就是不难理解的了——与民法学相比，这些都是极为鲜明的。

犯罪概念在刑法理论和实践中均具有重要地位，不仅刑罚适用规则、犯罪构成理论等诸多刑法基本理论在本质意义上理应是犯罪概念逻辑分析的结果，[3]而且各国刑事法律制度的建构和现实刑事司法实践也无不与其对犯罪概念的理性认知紧密相关。对犯罪概念进行深入探讨以求赋予其清晰明确的定义自然就具有了重要的理论和实践意义。

二、在刑法理论上，犯罪概念应采用科学的定义

概念是固定的意义，概念之定义则是对概念意义作出说明；概念的定

---

〔1〕 ［美］约翰·杜威：《思维的本质》，孟宪承、俞庆棠译，台海出版社 2018 年版，第 163 页。

〔2〕 ［美］约翰·杜威：《思维的本质》，孟宪承、俞庆棠译，台海出版社 2018 年版，第 164 页。

〔3〕 大陆法系的犯罪构成理论，实际上是对犯罪概念逻辑分析的结果。参见 ［意］杜里奥·帕多瓦尼：《意大利刑法学原理》（注评版），陈忠林译评，中国人民大学出版社 2004 年版，第 15 页。

义是否明晰，则是看它能不能表示一类事物，而截然有别于它类，尤其是相似的它类事物。概念的定义有三种，即指示的（如将一种颜色命名为红色）、说明的和科学的，其中第一种、第三种在论理上具有重要意义，介于其间的第二种尤有社会上、教学上的重要。[1]犯罪概念作为刑法理论中的一个基本范畴，其定义自然理应是科学的定义。

　　与通俗的定义（可视为说明定义）总是选择明显的特征作为认识和类别的准据不同（如着眼于鲸的外在特征而将其归类为鱼），科学的定义则选择因果与发生的条件作为认识和类别的准据（如生物学上将鲸作为哺乳动物就是着眼于因果意义上的物种演变和对环境的适应关系）。在此，理解事物的意义就是看出这一事物与其他事物的关系，其中心则是对事物"手段与结果关系"的把握：把握其如何被使用为达到结果的手段，或把握其是如何作为尚待寻求手段的结果而存在的。[2]科学概念的理想，在于使任何事实和意义，在转化而为其他事实和意义中保持连续、自由和活动；而我们如果能在事物变化的过程之中，理解它们的因果与发生，则那个理想也就实现了。

　　犯罪概念作为刑法理论中的一个基本概念，作为科学的刑法理论体系的基础，其自然理应是一个科学概念，我们自然也理应着眼于其与其他事物，即刑罚间的因果关系和发生条件来把握。但既有刑法理论对犯罪概念的定义却并没有做到这一点，而更多是在通俗意义上给予犯罪定义的，体现出人们对犯罪概念的认知是不充分的。与合同概念相比，这一点是极为鲜明的：合同被认为是基于双方当事人的一种合意之协议而产生的法律关系，这一概念就明确地表明了作为结果的合同产生的原因，也表明了合同作为原因在未来的结果。反观目前刑法理论对犯罪概念的定义，主要着眼于犯罪行为鲜明的外在特征，如行为对刑法或基本道德规范的违反，具有严重的社会危害性，应承受刑罚惩罚等。在此根本不可能看出犯罪现实存

────────────

　　〔1〕　[美] 约翰·杜威：《思维的本质》，孟宪承、俞庆棠译，台海出版社 2018 年版，第 145 页。
　　〔2〕　[美] 约翰·杜威：《思维的本质》，孟宪承、俞庆棠译，台海出版社 2018 年版，第126、133 页。

在的根据究竟为何，黑格尔更是直言犯罪不具有现实存在的根据，始终是法律否定的对象。不可否认，如果通俗定义恰当地选取了明显的特质，我们一般来说能够以之认识和归类事物，也能够据之有效地指导实践活动，如将鲸认为鱼，不碍观鲸者的辨认，也不碍捕鲸者的成功；但却难以使我们很好地理解该种事物，将鲸视为哺乳动物，显然内含对鲸的更深刻的理解，也能够更好地指导我们的实践。长期以来在通俗意义上对犯罪概念的探讨，虽然无可否认地增加了我们对犯罪的认知，很多时候也无碍对现实犯罪行为的惩治，但却难以使我们深刻、准确地理解犯罪行为，会使我们在实践中不可避免地面临着诸多难以解决的问题，会使我们难以据其建构起能够有效指导立法司法实践的刑法理论体系。这就不难理解，现实的刑法理论总是充满着各种明显缺陷，各国刑法何以会存在巨大差异，刑罚适用也总是充满了各种争议。这些既突显了传统犯罪概念的不足，也表明了对科学的犯罪概念定义的需求。

三、定义犯罪概念

（一）作为新刑罚报应理论基础的犯罪行为的本质属性

新刑罚报应理论建基于犯罪行为必然具有或理应具有的本质属性，这些本质属性构成犯罪概念的主要内容，对于我们理解新刑罚报应理论及其内含的罪刑关系至关重要。犯罪行为具有的本质属性包括：

第一，犯罪行为在本质意义上具有社会理性属性。作为犯罪行为的行为，只能发生、存在于社会之中，总是在不同程度和意义上处于社会理性的影响支配之下，从而具有社会理性属性。在单纯的自然状态之下，没有犯罪存在的空间。即使犯罪行为发生于现实社会条件之下，如果不被认为受到或应该受到社会理性的影响支配，也没有犯罪行为存在的空间，如在奴隶社会将奴隶作为物进行买卖就不被视为犯罪。

第二，犯罪行为在本质意义上具有非理性属性，其现实发生的理性逻辑基础是错误的。虽然犯罪行为只能发生存在于现实社会之中，在不同程度和意义上因受社会理性影响支配而具有社会理性属性，但犯罪行为在社会层面上却只能是社会理性失败的产物，只能是违背社会理性法则并有害于社会整体利益的。犯罪的发生既意味着，也无可怀疑地证明了犯罪人与被害人间没有合乎社会理性法则地处理相互之间的关系，犯罪是且只能是社会理性失败的产物；进而明显的是，犯罪现实发生的理性逻辑基础只能是错误，理性错误可能存在于犯罪人、被害人乃至于双方的理性逻辑上，错误究竟何在很多时候是人们无法确证且难以理解的，这从根本意义上来说是由于现实复杂性，人们不可能清晰准确地确定人们之间的现实关系究竟应该为何，而不仅仅是基于理性社会法则人们之间的社会关系究竟应该为何。

第三，工具理性属性是犯罪行为作为行为理应具有的自然属性，合乎工具理性的犯罪行为理应是有利于自身利益实现的。犯罪行为是犯罪人基于特定情势、为实现自身利益而实施的行为，尽管犯罪行为现实发生的理性逻辑基础是错误，其必然是违背社会理性法则而有害于社会的，但从犯罪行为内在的理性逻辑来看，犯罪行为却理应是合乎犯罪人行为目的，有利于实现自身利益的——从逻辑上说，这只有犯罪情势处于自然状态的程度和意义上才有可能。这是犯罪行为能够发生、存在的现实根据。

第四，作为犯罪情势社会组织化本质属性和内在根据的社会理性总是排斥并限制犯罪行为工具理性存在的空间和范围，从而使犯罪行为在具有工具理性属性的同时也具有社会理性属性，两种属性彼此之间处于正向对立状态。在社会组织化的程度和意义上，也即在受社会理性支配的程度和意义上，犯罪行为的实施只能是非理性的，建立在工具理性错误的基础上，是既有害于包括犯罪人和被害人在内的社会的公共利益，也有害于犯罪人自身利益的。而在犯罪行为合乎工具理性的程度和意义上，也即在犯罪行为有利于行为人自身利益的程度和意义上，犯罪行为必然意味着社会组织化或社会理性上存在的不足和失败，意味着社会在犯罪行为合乎工具理性的程度和意义上处于自然状态。

第五，与犯罪行为社会理性属性、工具理性属性间不同程度和意义的正向对立相对应，就发生于这一情势之下的犯罪来说，犯罪情势在相应程度和意义上存在自然状态和社会理性有效支配的理想完美社会状态的区别和对立。

第六，在社会理性意义上，犯罪行为的必然结果是刑罚，犯罪人刑事责任建立在人的理性属性决定的平等原则的基础之上。如前所述，对于犯罪行为造成的损害，新刑罚报应理论在观念上将其分为两个互补的部分：犯罪行为在犯罪情势处于自然状态的程度和意义上造成的损害以及犯罪行为在犯罪情势处于完美理想社会状态的程度和意义上造成的损害。相应地，就犯罪行为造成的前述两部分损害，在理性范围内，依据平等原则，在互补的意义上存在刑事责任和民事责任的对立：就犯罪行为在犯罪情势处于自然状态的程度和意义上产生的损害，藉由刑罚报应、依据平等原则追究犯罪人刑事责任，犯罪行为产生的此部分损害由被害人、社会或国家自行承担；而对于犯罪行为在受到社会理性有效支配的程度和意义上（犯罪情势在相应程度和意义上处于理想完美社会状态）造成的损害，犯罪人虽然仍应承担刑事责任，但考虑到造成该部分损害的犯罪行为在该种程度和意义上受到社会理性的有效支配，从功利角度看，这一部分损害的刑事责任却是能够也理应由民事责任加以替代的，从而成为犯罪人承担民事责任的根据，该部分民事责任在司法实践中也会以罚金的形式出现。正是在这一意义上，犯罪行为民事责任与刑事责任是在互补意义上存在的，并且在本质意义上，犯罪行为民事责任是部分刑事责任的替代责任，在犯罪人对该部分损害不能实际承担民事责任的情况下，犯罪人仍需要就该部分犯罪损害承担刑事责任。

（二）基于犯罪行为本质属性对犯罪概念的定义

新刑罚报应理论建基于犯罪行为必然具有的本质属性，这些本质属性作为犯罪行为必然具有（现实中有时表现为理应具有）的属性，内含对犯罪概念的认知和理解；同时考虑到科学的定义应选择因果与发生的条件作为认识和类别的准据；这使得，着眼于作为新刑罚报应理论基础的犯罪行为必然具有的前述本质属性，我们能够对犯罪概念定义如下：在受到或理应受到社会理性法则影响支配的情势下（基于第一项），对于违背平等原则、恶意损害他人利益的行为，在社会理性不能有效调整行为双方间社会关系的程度和意义上，行为应被视为犯罪行为（基于第二、第三项）；对于犯罪行为，应依平等原则对犯罪人施加刑罚（基于第四、第五、第六项）。

（三）如何理解犯罪行为与传统犯罪观念的批判

与传统的犯罪概念相比，作为建构新刑罚报应理论基础的一般意义上的犯罪概念内含对犯罪行为的诸多不同理解，使犯罪行为呈现出以下几个鲜明特征：

1. 犯罪行为只能发生于不完美的社会情势之下

犯罪行为是社会理性失败的产物，却又以社会理性的存在为前提：犯罪行为只能发生于受到或理应受到社会理性影响支配的不完美的社会情势之下，以受到社会理性影响支配，但这种影响支配并不具有绝对性的社会关系存在为前提。在单纯自然状态或理想完美的社会状态下都没有犯罪行为存在的空间；即使在不完美的社会情势之下，如果犯罪行为所涉及的社会关系没有受到或不被认为理应受到社会理性的影响支配，也没有犯罪行为存在的可能。在社会理性欠发达的奴隶社会，对奴隶的贩卖行为就不可能被认为是犯罪行为。据此，在实施种族隔离制度期间的南非，曾大量发生的对黑人的侵害行为，在种族隔离制度废止后何以并没有作为犯罪追究刑事责任就是可以理解的了。

2. 犯罪行为是客观上危害社会的行为

犯罪行为是客观上危害社会的行为，这是犯罪行为在自然层面具有的属性。在这里，犯罪行为不仅仅包括损害社会利益的行为，而且在理论上可以包括在单纯的二人关系中损害他人利益的行为，只要二人间的社会关系受到或被认为理应受到社会理性的影响支配。这与传统的犯罪观念仅将犯罪视为有害于社会的行为不同。如此，新刑罚报应理论能够在最广泛意义上适用于现实的社会关系，这些社会关系不仅包括罪刑关系，而且涉及人们之间的现实社会关系应该如何处理，最终能够说明社会关系、人类社会何以能够逐渐走出自然状态而向社会理性影响支配下的社会关系、人类文明社会演变。

3. 犯罪行为是违背平等原则且恶意实施的行为

传统刑法理论认为犯罪行为具有刑事违法性，是违反刑法规范的行为。但笔者以为，在刑法理论上如此定义犯罪概念是不合适的，因为作为刑法理论应该解决的问题就包括什么样的行为应被认为构成犯罪，刑法规范应该如何规定。

犯罪行为是违背平等原则且恶意实施的行为，这是犯罪行为在社会伦理层面上具有的属性；意味着犯罪行为内含的行为准则是违背社会理性法则的自然法则，意味着犯罪行为在内含的主观理性逻辑上就是有害于社会的。这与认为犯罪具有刑事违法性，是违反刑法规范的行为的传统刑法理论观点是不同的。这里的恶意除包括故意、过失心理态度之外，还包括在严格责任中被推定存在过失的情况。在此，犯罪行为不仅必须在客观上是有害于社会的，而且其内含的行为逻辑必须也是有害于社会的。行为仅仅在客观上有害于社会并不足以构成犯罪行为，只有危害行为在伦理意义上是违背平等原则且恶意实施的行为时才能构成犯罪行为。

虽然违背平等原则的行为往往也是恶意实施的，恶意实施的行为也往往是违背平等原则的；但不可否认的是，在特殊情况下，二者有时也是可以分离的。对身受重伤的仇人有条件提供帮助却拒绝提供，虽然心存恶意却并不违背平等原则，一般而言不能认为构成犯罪。在灾难发生时，胁迫他人与自己一起共同面对危险却无视危险而实施救灾，虽然造成他人死亡且施救无效，也不能认为构成犯罪，在这里，行为虽然违背平等原则，但却缺乏犯罪行为必然内含的恶意——在此，损害是愚蠢而非恶意的产物。

4. 犯罪行为既具有社会理性属性，也具有工具理性属性

犯罪行为只能发生、存在于社会之中，总是在不同程度和意义上处于社会理性的影响支配之下，这使犯罪行为具有了社会理性属性；而犯罪行为作为犯罪人基于特定情势，为实现自身利益而实施的行为，尽管犯罪行为必然是违背社会理性法则而有害于社会的，但从犯罪行为内在理性逻辑来看，犯罪行为却理应是合乎犯罪人行为目的，有利于实现自身利益的，

这使犯罪行为又是具有工具理性属性的。

5. 犯罪行为发生、存在的现实根据

尽管犯罪行为必然是违背社会理性法则而有害于社会的，在犯罪情势受到社会理性有效支配的程度和意义上，犯罪行为更是既有害于社会也有害于犯罪人的，就此而言，犯罪行为是没有存在根据的，但这仅仅是在犯罪情势受到社会理性有效支配意义上而言的。在犯罪情势处于自然状态的程度和意义上——由于理性有限性，现实社会总是在不同程度和意义上处于自然状态，从犯罪行为内在理性逻辑来看，犯罪行为却是理应合乎犯罪人行为目的，有利于实现自身利益的，犯罪行为的现实发生也就是自然的了，也就具有了存在的现实根据——传统刑法理论认为犯罪行为没有存在根据的观点显然是错误的。

6. 将犯罪行为视为自然现象的正当性

尽管犯罪行为在犯罪情势受到社会理性影响支配的程度和意义上没有存在根据，但在犯罪情势处于自然状态的程度和意义上，由于犯罪行为能给犯罪人带来利益，其现实发生就具有了必然性。就此而言，一些人将犯罪行为视为自然现象是适当的、有道理的。犯罪现象虽然不像雨水、雷电或疾病那样纯属自然现象，但至少是一种正常现象，是任何社会生活的"正常因子"，与社会生活本身密不可分，因为，犯罪现象的产生带有某种规则性。[1]这里值得注意的是，固然只有社会存在，并因为有社会存在才会产生及存在犯罪现象，但并不是社会产生了犯罪现象，而是由社会的不足和缺陷导致了犯罪的产生，犯罪行为仅在犯罪情势处于自然状态的程度和意义上才能合乎理性地现实发生。

7. 认为犯罪行为具有反社会性何以错误

这一问题与上一问题，即为何应将犯罪行为视为自然现象问题紧密相关；在我们将犯罪行为视为自然现象时，就杜绝了将犯罪行为视为反社会

---

〔1〕 ［法］卡斯东·斯特法尼等：《法国刑法总论精义》，罗结珍译，中国政法大学出版社1998年版，第12~13页。

行为的可能性，二者本身就是彼此矛盾的，不可能同时成立。

犯罪行为的发生总是意味着社会理性的失败，意味着对社会的危害，虽然我们不能绝对排除犯罪人与社会之间会存在敌对关系（在犯罪人因其与社会之间关系违背社会理性法则而使自身利益受到损害时，犯罪人藉由犯罪行为反对社会就是合乎理性而有利于自身利益实现的，敌对关系的存在就具有了正当性和现实性），但一般意义上将犯罪视为反社会的则是错误的。这主要是考虑到，社会性是人具有的本质属性，现实地生存于社会之中是理性人的自然需要和本质要求，有利于自身利益的实现。蓄意与社会为敌在理性逻辑上只能是有害于犯罪人利益的、没有存在根据的，从而将犯罪行为视为反社会的，这在理论上是缺乏现实根据而难以成立的。

8. 犯罪行为与民事违法行为具有本质不同

犯罪行为在本质意义上具有的非理性属性，即犯罪行为在社会层面上只能是社会理性失败的产物，只能是违背社会理性法则并有害于社会整体利益的，使其与民事违法行为具有本质不同。民事行为往往会因违反法定义务或违反合同而构成民事违法行为，会给社会或他人造成损害，如因理性失败或意料之外的偶然性因素给他人及社会带来危害而构成民事侵权行为，因违反合同义务而构成违约行为等。但就民事行为遵循或被认为遵循的主观意义上的行为准则来说，则是合乎或理应被推定为合乎社会理性法则，并在行为的内在逻辑上是有益于社会整体利益的，尽管行为可能因内含偶然意义上的错误而在客观上有害于社会整体利益。在此，就行为的内在理性逻辑来说是有利于社会整体利益或行为双方利益的（虽然科学研究过程中意外造成的财产损害和人员伤亡是有害于社会的，但科学研究本身却是有益于社会而合乎社会理性法则的），行为有害于社会对行为人来说理应仅仅具有偶然性的意义，从而根据理性的社会法则，藉由赔偿理应能够有效地调整彼此之间的社会关系——这与违背平等原则、恶意损害他人利益的犯罪行为具有根本不同；犯罪行为缺乏社会理性基础，其内含的理性逻辑本身就是有害于社会公共利益的（主要是出于功利考虑，实践上往往仅将违背社会理性法则、较为严重的危害社会行为作为法律上的犯罪）。

由于犯罪行为缺乏建基于平等原则的社会理性基础，也就不可能藉由社会理性法则有效调整犯罪人与被害人之间的社会关系，而仅能藉由刑罚在相对合乎理性意义上使二者间的社会关系合乎理性。

正是因为犯罪行为与民事违法行为之间存在前述本质意义上的区别，犯罪行为与民事违法行为在诸多的现象或外在特征上都是存在鲜明区别的。如犯罪行为具有刑事违法性，违反的法律规范是刑法规范，应对其适用刑事诉讼程序，施加刑事责任——虽然有时也承担民事赔偿责任，但这是在替代刑事责任的意义上承担的民事责任；而对民事侵权行为来说，其违反的是民事法律规范，承担的责任是民事损害赔偿责任，对其适用民事诉讼程序。

9. 现实犯罪行为与民事违法行为之间并不存在清晰的界限

尽管犯罪行为与民事违法行为具有本质意义上的差异，理论上二者之间的界限也是清晰明确的，但在现实的犯罪行为与民事违法行为之间却并不存在清晰的界限，我们难以单纯依据犯罪概念对行为是否构成犯罪作出确当的判断。其原因在于，一方面，行为的主观方面是否存在恶意往往难以准确判断；另一方面，即使是在主观、客观方面完全相同的行为，行为是否有必要作为犯罪行为依据刑罚理论对其适用刑罚，也与犯罪情势的社会组织化水平密切相关。依新刑罚报应理论，在理想完美的社会条件下，由于人们之间的利益关系只有统一而没有对立，这使得所有的行为都可以依民事违法行为承担责任，自然没有犯罪行为存在的空间；而在纯粹的自然状态下，人们之间的利益只有对立却没有统一，任何造成损害的行为都需要作为犯罪依刑罚适用规则承担刑事责任。在古罗马存在一种名为"拘禁"的以执行为目的的法律诉讼，以判决支付一定数额的钱款为最一般的前提条件。债权人发现债务人时可将其抓住，将其带到裁判官面前，一边重复抓获的运作，一边庄重地宣布"拘禁"；如果没有保证人出面来解除拘禁，执法官则将该债务人判给债权人，由债权人对债务人加以监禁，在经过一定的期限并办完规定的手续之后，债权人可将债务人作为奴隶出卖或处死。[1]因不履行债务而将债务人作为奴隶出卖或处死，这无疑是具有刑罚性质的，这在今天的观点看来当然是残忍且不可接受的，往往被认为是法律原始、野蛮的表现。但着眼于新犯罪概念及与其具有内在一致性的新刑罚报应理论，这却是可以理解的：在当时来说，即在社会发展的初级阶段而在很大程度和意义上处于自然状态的社会情势之下，是正当合理的，是不得不采取的有效规制社会关系的正当措施。

（四）康德犯罪概念与这里的犯罪概念间的异同

康德曾对犯罪给出形而上学意义的定义，即犯罪是对义务的故意违犯（"故意"意味着行为者意识到了这是一种违犯行为），[2]并主张对犯罪行为应依平等原则适用刑罚。这与笔者给出的犯罪概念定义具有很大的相似性，但仍存在本质意义上的不同。两者都在内涵上强调或意指犯罪行为是内含恶意、违背平等原则的，主张对犯罪行为应依平等原则适用刑罚；两者存在的明显差异则在于，康德的犯罪概念定义着眼于行为在法律上具有的意义，强调犯罪行为对义务的违犯，从另一角度看，这必然意味着犯罪行为是对他人权利的侵害，是违法的、不具有正当性的（传统刑法理论也将犯罪行为视为违法的、不具有正当性的行为）。而在笔者给出的新犯罪概念定义中，虽然也认为犯罪行为在受到或理应受到社会理性影响支配的程度和意义上是违背社会理性法则而构成对义务的违反，但同时认为，在相对意义上，即在犯罪情势处于自然状态的程度和意义上，犯罪行为是应被作为一种自然现象加以对待的，其存在的正当性不容绝对否认：虽然新犯罪概念认识到犯罪行为是受到或理应受到社会理性法则影响支配的，但在犯罪发生的现实情势之下，社会理性的影响支配作用却是无可怀疑地失败了的，其未能有效地调整犯罪人与被害人间的社会关系。正是因为社会理性未能有效调整犯罪人与被害人间的社会关系，这使得二者间的社会关系在现实上处于自然状态，而在自然状态下，虽然犯罪人确实损害了被害

---

〔1〕［意］朱塞佩·格罗索：《罗马法史》，黄风译，中国政法大学出版社1994年版，第123页。
〔2〕［德］康德：《法的形而上学原理——权利的科学》，沈叔平译，商务印书馆1991年版，第31页。

人的利益，但我们却既不能说被害人的权利受到了侵害，也不能说犯罪人
违背了义务。

四、刑罚的使命

基于对犯罪行为本质属性的理解形成的犯罪概念，构成了我们建构新
刑罚报应理论的基础，从而在因果意义上在犯罪行为与刑罚之间确立了逻
辑意义上的必然联系；进而，对犯罪概念的理解藉由新刑罚报应理论也就
决定了我们对刑罚的理解，决定了我们能够赋予应该赋予、刑罚使命的
内容。

在新刑罚报应理论之下，刑罚自然应是报应性的、正义的，但报应正
义具有什么样的内容，实现报应正义的标准是什么，则取决于我们对刑罚
使命的认知，也即对刑罚最终目的的认知，而这是内含于犯罪概念、新刑
罚报应理论之内，是藉由逻辑推理可以理解的。适用刑罚是应建立在理性
基础上并合乎理性的，即在对犯罪事实认知基础之上，在刑罚适用造成最
小损害的意义上，以使犯罪成为违背工具理性的为最终追求目的。这在本
质意义上就是，在理性认知的范围内，在逻辑意义上排除犯罪存在的可能
性。在此，刑罚并不以特定社会秩序的维护为追求，而仅仅为促使人们合
乎理性地处理彼此之间的关系奠定基础，使犯罪行为在社会理性影响支配
的范围内成为非理性的；而是否建立、如何建立彼此之间的合乎理性的社
会关系是人们需要现实地加以解决的问题，并不是刑罚适用意图解决的问
题。刑罚正义与刑罚目的在此于形式意义上是直接同一的。

理解刑罚使命，实现刑罚正义，应注意以下几点。首先，刑罚适用应
合乎理性、建立在理性基础之上。这一方面涉及对具体犯罪行为事实的证
明和认知，另一方面涉及依据新刑罚报应理论对犯罪人适用刑罚量的确
定。刑罚适用需要建立在理性基础上，一方面决定了作为刑罚适用对象的
犯罪行为，必须是排除合理怀疑地得到了证明的犯罪行为——在此，我们
就不难理解，何以在刑事诉讼中必须对犯罪行为排除合理怀疑地加以证
明；另一方面，在对刑罚适用量的确定上都应该有事实根据，建基于平等

原则，合乎理性规则。

其次，刑罚适用不应当追求在绝对意义上避免犯罪的发生。这是刑罚适用应合乎理性内涵的必然结论，意味着在犯罪情势处于自然状态的程度和意义上，犯罪的发生是自然的，这些合乎自然规律地发生的犯罪理应得到尊重，在理性认知范围以外的犯罪不应成为刑罚适用的对象，尽管在理性认知的范围内我们仍然需要对其适用刑罚。

再次，威慑性刑罚适用不具有正当性。刑罚作为利益损害是人们必然想要避免的，其具有威慑作用是自然的，但刑罚适用却不应以威慑为追求和目的，因为威慑性的刑罚适用在根本意义上是违背平等原则的，从而不具有正当性。

最后，预防不是刑罚应有的内容。威慑性刑罚适用不具有正当性，使出于威慑的一般意义上的犯罪预防也成为不正当的。虽然我们不能否认适用刑罚能够促使人们避免实施犯罪行为，但这不应该是出于害怕，而应该是认识到实施犯罪行为不合乎自身利益，从而是建基于理性基础的。而对于特殊预防来说，虽然将犯罪人处死、监禁起来能够实现对犯罪行为的特殊预防，但这却并不是刑罚在逻辑上必然具有的内容。

犯罪、刑罚及二者之间的关系在刑法学理论来说既是核心问题，也是基本问题。而新刑罚报应理论的建立，及在这一过程中所形成的对犯罪概念、刑罚使命清楚明白的理解和认知，为我们重新审视、理解直接建基于犯罪概念基础的刑法理论中的一些基本理论问题提供了坚实基础。这些问题包括刑法理论的基本原则，不作为犯罪存在范围及其承担刑事责任的根据，法人犯罪存在范围及其承担刑事责任的根据等，进而为我们在坚实基础上建构刑法学理论体系奠定了基础。

第四章　偶然性与新刑罚报应理论的现实适用原理

——兼及对传统刑法因果关系理论的批判

推证思路： 如何将罪刑关系理论合乎理性地适用于现实罪刑关系，应遵循的理性规则为何？这虽在传统刑罚理论中被无视，却是广义刑罚理论必不可少的组成部分。新刑罚报应理论虽于罪刑之间在质量两方面建立起了客观明确的必然联系，但由于现实复杂性、理性有限性，犯罪过程中不可避免地会伴随着偶然性，单纯地建基于理性基础的新刑罚报应理论的现实适用只能是充满争议和不确定性的，其现实适用虽然有赖于逻辑推理，但却不可能单纯地建基在逻辑推理基础之上（如数学那样）。现实罪刑关系处理需要考虑偶然性在罪刑关系中具有的意义，需要既合乎理性也合乎现实。这有两方面理论问题需要解决：一是认定犯罪行为工具理性属性和社会理性属性，借以理解犯罪行为在何种程度和意义上处于自然状态，而在相对程度和意义上处于理想完美的社会状态，理解犯罪人与被害人或社会间在犯罪所涉利益上存在的对立统一关系，进而合乎理性逻辑地确定现实犯罪行为的刑罚适用；二是在因偶然因素影响而使犯罪行为理性属性不能包括犯罪结果时，确定犯罪行为内含偶然性在现实罪刑关系处理中具有的意义，以使罪刑关系处理合乎现实。

完整意义上的刑罚理论需要回答两个方面的问题：一是需要在犯罪与

刑罚之间、在质量两方面建立起观念逻辑上的必然联系，也即因果意义上的必然联系；二是考虑到理性有限性，考虑到犯罪过程中不可避免地会伴随着的偶然性，如何将前述犯罪与刑罚间的因果关系原理运用于现实的刑事立法、司法实践。前一方面的问题是形而上学意义上的刑罚理论需要解决的问题，这在前文新刑罚报应理论的建构中已得到了有效解决；而后一方面的问题则是广义刑罚理论理应包含的内容，其所要解决的问题是如何将形而上学意义上的刑罚报应理论运用于现实的立法和司法实践，以在现实的犯罪与刑罚适用之间建立起质量两方面的因果意义上的必然联系，是形而上学意义上的刑罚理论的现实适用原理，是广义刑罚理论必不可少的组成部分，是刑法学理论的重要内容，只是这一方面的理论问题在传统的刑罚或刑法理论中并没有作为一个重要的基本理论问题得到认真对待。

着眼于犯罪行为理性属性，无视现实犯罪行为必然具有的诸多偶然性，形而上学意义上的新刑罚报应理论所确定的观念逻辑意义上的罪刑关系是客观明确的，其客观明确性恰如数学定理、物理规律那样，是不以人的意志为转移的，不仅应该成为刑罚适用的根据，而且必然在以理性为基础的现实社会关系中得到体现，而无论人们是否明确地认识到这一点。虽然由于现实复杂性，人的理性有限性，这一体现仅仅具有概率统计学上的意义。同样可以想象的是，我们对犯罪的刑罚适用是否合乎正义，在什么程度和意义上合乎正义，也理应以是否符合、在什么程度和意义上符合新刑罚报应理论为标准。

虽然新刑罚报应理论在观念逻辑上客观明确地解决了罪刑关系的理论问题，但由于社会现实的复杂性、人的理性有限性，由于犯罪行为自身内含的理性有限性，单纯地建基于理性基础的新刑罚报应理论的现实适用也往往只能是充满争议和不确定性的，其自然只能在有限的程度和意义上合乎理性地对人的行为和现实社会关系处理具有影响支配作用。这进而也决定了新刑罚报应理论的现实适用虽然有赖于逻辑推理，但却绝不可能仅仅建基于单纯的逻辑推理，如在数学、物理学领域发生的那样，而是涉及诸多需要着眼于理性有限性而必须现实地加以解决的问题——犯罪行为的理性有限性或犯罪行为内含的偶然性如何影响现实的罪刑关系处理，如何将新刑罚报应理论适用于现实的立法、司法实践和现实社会关系处理，确定具体犯罪与刑罚适用之间的因果意义上的必然联系，这是广义刑理论理应，也必须加以解决的重要问题。遗憾的是，这作为刑罚理论体系不可缺少的一部分，其在传统刑罚理论体系中却是在很大程度和意义上被无视的。偶然性因素导致的犯罪未遂、犯罪中止虽然在传统刑罚理论中也有实用的处理罪刑关系的规则，但这些规则与形而上学意义的罪刑关系理论（如康德刑罚理论或黑格尔刑罚理论）间有何逻辑关系却是不明确的，缺乏完整理论体系应有的在逻辑体系上的明确性和清晰性。这使这一问题的探讨具有重要的理论和实践意义。

一、犯罪行为理性有限性及其对现实罪刑关系处理的影响

新刑罚报应理论建立在理性基础之上，犯罪行为也总是内含行为人赋予的行为逻辑，从而是具有理性属性的，这决定了罪刑关系的处理理应是能够建立在对犯罪行为理性属性的逻辑推理基础之上，进而合乎理性的。而由于人及内含于犯罪行为的理性有限性——从另一角度看是社会现实的复杂性，犯罪行为总是涉及诸多人们认知以外的、现实地影响犯罪行为实施及其结果的偶然因素，它们决定了基于犯罪行为理性属性在罪刑关系处理上依照新刑罚报应理论所进行的逻辑推理的有效性并不具有绝对性。我们不得不在很大程度上考虑犯罪行为内含的理性有限性，考虑作为犯罪行为理性有限性表现形式而在犯罪过程中出现的诸多偶然性因素，以及由此所导致的犯罪行为结果在罪刑关系处理中具有的意义，以求罪刑关系的处理在现实（或自然）意义上合乎新刑罚报应理论、实现刑罚正义。至少在观念上，于现实的犯罪与刑罚适用之间依新刑罚报应理论建立起因果意义上的必然联系。在现实罪刑关系处理上单单着眼于犯罪行为理性属性追求数学、物理学意义上的合乎理性、合乎新刑罚报应理论是注定要失败的。

（一）偶然性概念——作为理性有限性的标志

犯罪行为虽然内含理性，但其本身却总是涉及诸多的偶然性，不仅其

本身作为理性失败的产物建立在特定情势的偶然性基础之上，而且在其现实展开的过程中也会涉及诸多影响犯罪行为结果及其具有的价值意义的偶然性。这些偶然性虽然在我们建构新刑罚报应理论过程中是不得不予以无视的，但在现实适用刑罚处理罪刑关系的过程中却是必然需要考虑、处理的，明确清晰地理解、认识偶然性概念对我们现实地解决刑罚实践中的诸多问题具有重要意义。

1. 关于偶然性概念的认知错误

偶然性、必然性概念自古以来就深深地扎根于人们的日常语言之中，成为人们认识、解释现实的有效手段，与人的生存活动密切相关。尽管如此，我们仍然不得不承认，一般来说，人们对偶然性、必然性概念的认识往往并非清晰明确的，不仅存在诸多观念上的对立，而且有一些还是明显错误的。我国多年来的哲学教科书对偶然性、必然性的不当解释更是使这种概念上的混淆和不清晰广为流传。在我国的哲学教科书中，必然性被认为是事物联系和发展的确定不移的趋势，而偶然性是指事物联系和发展的不确定的趋势，必然性与偶然性作为事物联系和发展中的两种趋势是对立的，也是统一和不可分割的：必然性普遍被认为是内含偶然性并通过偶然性为自己开辟道路的。[1]相应地，也没有脱离必然性的偶然性，凡存在偶然性的地方，其背后总隐藏着必然性。但在二加二等于四这一数学计算所体现、内含的必然性中，在正方形的圆是在必然意义上不存在的意义上（没有偶然存在的可能），偶然性却是根本不可能有存在空间的，认为"必然性总是内含偶然性的""偶然性与必然性是相互依存的"显然是错误的。考虑到偶然性因素在现实处理罪刑关系中具有的重要意义，对偶然性概念首先予以澄清是必要的。

2. 准确理解偶然性概念

在康德看来，偶然性、必然性作为知性的先天概念（范畴）来自纯粹

---

〔1〕 参见杨焕章、郭湛主编：《简明哲学原理二十四讲》，中国人民大学出版社 2016 年版，第 67~68 页；李金锴：《马克思主义哲学原理的基础理论构建》，中国水利水电出版社 2015 年版，第 106~107 页。

知性或理性；而作为反映客观事物存在、联系和发展趋势的一对哲学范畴，二者的探讨总是密切相关的。必然性被视为事物发展过程中一定发生的不可避免的、确定的趋势，必然性认识建立在人们对客观规律把握的基础之上；而偶然性则被视为事物发展过程中可以出现，也可以不出现，可以这样出现，也可以那样出现的不确定的趋势。

　　尽管必然性和偶然性反映了客观事物的存在、联系和发展趋势，但终归而言，偶然性与必然性却不是客观事物的性质，不是客观事物本身具有必然性或偶然性，而是认识的性质，是对认识者而言的，偶然性与必然性的判断只对于判断者才存在着——明显地，偶然性、必然性作为认识的性质，是彼此对立、相互排斥的，根本不可能有共存的可能。在绝对的决定论者看来，每一个现象不论多么微不足道，都有原因。全智全能的、对所有规律了如指掌的心智，可以预见每一个现象，并解释现象发生的原因，无论这一现象发生在遥远的过去抑或遥远的将来，对于这种心智来说，就不可能存在偶然性。因此，所谓的偶然性，只是人们无知的产物。

　　必然性认识建立在人们对客观规律把握的基础之上；而偶然性则在更多意义上是与人们的期望、习惯、经验相背离的，在人们没有认识到事情发生的原因时，便会觉得偶然。[1]偶然性总是意味着认识主体的无知，被认为是人们无知的量度；[2]意味着在人所认识事情的各个要素中没有包含将要发生的结果，意味着我们不知道事情发生的原因，不知道事情如何发生、怎么会发生，因而无法准确预测。[3]明显地，偶然性的存在与认知主体的认识能力紧密相关，直接体现了人们在认知或理性上存在的不足，这使得不同人心目中的偶然性的存在范围是不同的——普通人心目中的偶然性绝不就是科学家心目中的偶然性。

---

　　〔1〕　严春友：《决定论与非决定论之语义分析》，载《山西大学学报（哲学社会科学版）》2014年第1期，第3页。

　　〔2〕　[法]昂利·彭加勒：《科学与方法》，李醒民译，商务印书馆2006年版，第46页。

　　〔3〕　严春友：《决定论与非决定论之语义分析》，载《山西大学学报（哲学社会科学版）》2014年第1期，第4页。

犯罪行为往往直接体现了犯罪人意欲在其与被害人或社会间形成什么样的社会关系，内含着行为人与被害人间利益上的对立统一关系。而缘于理性有限性，犯罪行为实施过程中不可避免地会涉及的诸多偶然性则常常会在很大程度和意义上直接影响犯罪行为结果及其具有的价值意义，影响在犯罪人与被害人或社会间现实地建构起的社会关系究竟为何，是否能够实现犯罪人意欲追求的利益，从而直接影响到我们对犯罪行为的认知和现实处理。这些诸多的偶然性因素虽然在我们建构新刑罚报应理论过程中是不得不予以无视的，但在现实罪刑关系处理中却是必须予以认真考虑的，是刑罚适用中必须解决的重要理论问题。由于偶然性是理性有限性的标志，从而前述问题在本质上是犯罪行为内含的理性有限性如何影响现实的罪刑关系处理的问题。

（二）现实罪刑关系既应合乎理性，也应合乎现实

犯罪行为内含的理性有限性，从另一方面看是犯罪行为实施总是涉及诸多偶然性，内在地决定了依照新刑罚报应理论对现实罪刑关系的处理仅具有有限的理性基础，罪刑关系的现实处理不得不是既应合乎犯罪行为理性属性，也应合乎犯罪行为客观现实的。

1. 现实罪刑关系处理何以仅能在有限意义上建基于理性

新刑罚报应理论作为理性的产物，作为确定罪刑关系的依据和标准，人们依其处理现实犯罪行为，对现实社会关系发挥影响支配作用，唯有在理性有效认知的限度内才能合乎理性地有效发挥影响和支配作用，才能实现对刑罚正义的追求。但一方面源于犯罪本身就是社会理性失败的产物，另一方面源于人的理性认知、推理能力的有限性，犯罪行为过程总是涉及诸多人们认知以外的影响犯罪行为结果的偶然性因素，决定了内含于犯罪行为的理性是有限的，犯罪行为只能是在有限程度和意义上合乎理性、受到理性支配的，从而实现犯罪人意欲追求的犯罪目的，实现犯罪人对自身利益的维护（其重要表现之一是，犯罪结果往往在不同程度和意义上背离犯罪人意欲实现的犯罪目的）。犯罪行为理性属性或被认为具有的理性属性作为依照新刑罚报应理论确定罪刑关系的理性基础，其理性有限性决定

了在依照新刑罚报应理论现实地适用刑罚，处理罪刑关系时只能在有限的程度和意义上建立在对犯罪行为理性属性的逻辑推理基础之上，从而实现对刑罚正义的追求。与此同时，我们不得不考虑犯罪行为在客观上究竟是如何现实发生的，如何在客观意义上建构并影响现实的社会关系，而不仅仅是犯罪人意欲建构的社会关系究竟为何。为此，我们不得不重视犯罪过程中的诸多偶然性及现实犯罪结果在处理罪刑关系中具有的意义，不得不追求罪刑关系是合乎现实的，尤其是在犯罪结果不同于犯罪人意欲实现的犯罪目的时。

源于犯罪行为理性有限性，罪刑关系仅能在有限的程度和意义上建立在对犯罪行为理性属性的逻辑推定基础之上。这意味着，依照新刑罚报应理论的刑罚适用或罪刑关系处理需要也依赖于逻辑推理，但却绝不是单纯地建立在逻辑推理的基础之上，一如在数学、物理领域发生的那样。在犯罪行为人不具有有效的认知推理能力时，如儿童或精神病人的"犯罪行为"，人的理性固然难以有意识地、符合社会一般期望地影响、支配人们的行为，从而难以成为刑罚报应理论适用的对象和基础。即使是在人们具有健全的认知推理能力时，由于人们仅能够在一定的限度和范围内进行有效的认知和推理，犯罪行为理性属性自然也仅能在有限的意义上作为适用刑罚进行逻辑推理的基础。

犯罪行为理性有限性在现实中主要有三方面的体现。一者，源于社会现实的复杂性，犯罪人、社会对犯罪行为价值意义的认知是有限的，而不是无限的。当将犯罪行为置于时空之下加以审视时，这一点是更为鲜明的，人们很难准确地知道犯罪行为具有的价值意义，很难预知犯罪行为在十年、二十年之后会产生什么样的影响。二者，犯罪行为内含的偶然意义上的缺陷和错误（不能有效考虑外在环境偶然因素对犯罪行为的影响）常常在根本意义上改变犯罪行为的结果和意义，犯罪未遂是其典型。三者，人除具有理性属性之外，还有其他自然或社会属性，并存在着不同程度的差异（如在体力、智力、性格、社会地位、社会关系等方面的差异），这些自然或社会属性及其差异性在社会关系中具有的意义是客观存在的，却是人们的理性难以准确认知的，以至于在很多时候我们并不能真正理解犯罪行为及其结果对我们具有的意义，不能理解人们之间现实的社会关系究竟应该如何存在，人们之间的现实社会关系是仅在部分意义上受到理性影响支配的。这些都决定了人们之间的社会关系不可能在绝对意义上为理性所支配，注定了现实罪刑关系的处理固然需要依照新刑罚报应理论，基于犯罪行为及其理性属性进行逻辑推理，但仅有单纯的逻辑推理却是不够的，我们需要同时考虑到理性有限性，即需要考虑社会现实，考虑影响犯罪行为实施中的偶然性因素在犯罪行为理性属性认定以及在现实罪刑关系处理中具有的现实意义，从而使罪刑关系处理既合乎犯罪行为理性属性，也合乎犯罪行为的客观现实。

2. 基于犯罪行为理性属性藉由逻辑推理确定罪刑关系的有效性

对于现实罪刑关系的处理，我们固然应该着眼于犯罪行为理性属性或被认为具有的理性属性，依据新刑罚报应理论藉由逻辑推理确定罪刑关系。但缘于理性有限性以及偶然性因素的影响，仅仅着眼于犯罪行为理性属性，藉由逻辑推理确定罪刑关系却是不够的，我们不得不考虑犯罪行为中常常出现的偶然性因素及其所体现的犯罪行为理性缺陷和不足，不得不重视客观现实的犯罪行为及其结果在现实社会关系中、在现实的罪刑关系中具有的意义，尤其是在犯罪人欲求目的不同于犯罪行为结果时。一方面，由于犯罪行为总是内含行为人赋予的理性的，而理性的内在逻辑决定了犯罪结果一般来说能够也理应能够实现犯罪人意欲追求的目的，从而实现对自身利益的维护——至少从概率意义上是理应如此的，犯罪行为自然理应反映犯罪人与被害人或社会之间在利益上存在的对立统一关系，其与外在犯罪情势一同反映了犯罪人与社会或被害人间的社会关系在何种程度和意义上处于自然状态，而在相对应程度和意义上因受到社会理性支配而处于理想完美的社会状态。这使我们能够也理应着眼于犯罪行为及其具有的理性属性，依据新刑罚报应理论藉由逻辑推理确定犯罪人应当承担的刑事责任，调整犯罪人与社会或被害人间的社会关系。但在另一方面，由于人的理性有限性以及社会现实的复杂性，不仅犯罪行为的发生是偶然性的产物，而且犯罪行为的实施过程也总是受到诸多偶然性因素影响，犯罪行为及其结果往往是仅在部分意义上，而非在绝对意义上受到行为人理性支配的。同时，社会、犯罪人对犯罪行为价值意义的认知也是有限的，往往仅在有限的时空范围内确定有效（不同犯罪行为价值意义的理性认知的时空范围可以存在较大差异），这就决定了现实的犯罪结果往往会在不同程度和意义上背离犯罪人意欲追求的犯罪目的——在行为人理性的认知和影响支配范围之外，现实犯罪行为的实施及其结果无疑还要受到行为人理性认知、推理、支配之外的偶然性因素的影响。这决定了在依照新刑罚报应理论适用刑罚、追求刑罚正义时，虽然我们能够也有必要基于犯罪行为理性属性，依据刑罚报应理论进行逻辑推理，但这里所进行的逻辑推理是仅在部分意义上有效的，并不具有数学、物理学意义上的绝对性，我们不得不现实地考虑人的理性有限性，即不得不现实地考虑在犯罪人对其犯罪行为内含理性认知、推理范围之外的，影响犯罪行为实施的偶然性因素在确定罪刑关系中具有的意义。这在本质意义上是考虑在犯罪情势之下，与自然法则相比，理性对现实社会关系的影响支配能力究竟为何；犯罪行为具有什么样的理性属性，其在犯罪人与被害人或社会之间现实地形成的社会关系究竟为何，而不仅仅是犯罪人意欲在其与被害人之间形成什么样的、合乎自身利益的社会关系。以根据新刑罚报应理论确定现实的罪刑关系——这在现实上就需要考虑偶然性因素如何影响对犯罪行为理性属性的认定，如何使犯罪结果不同于犯罪人意欲追求的目的，现实地考虑犯罪行为结果在罪刑关系中具有的意义，着眼于犯罪行为结果审视犯罪行为内含理性缺陷，修正基于犯罪行为理性属性就罪刑关系所进行的逻辑推理，以求适应犯罪行为自身具有的特殊性，既合乎犯罪行为理性属性，也合乎犯罪行为客观事实地确定罪刑关系，以求现实地、在自然意义上实现对刑罚正义的追求。

（三）现实罪刑关系既应合乎理性，也应合乎现实的历史阐释

罪刑关系的处理既应合乎犯罪行为理性属性，也应合乎犯罪行为的客观事实，着眼于人类历史的演变过程可以更鲜明地看出这一点。人区别于动物并逐渐建构起越来越发达的人类社会和人类文明的过程，是人的理性

能力日益发达的过程，也是理性、社会理性法则在人类社会中发挥更大影响支配作用的过程。但人们从来也不可能在建构社会关系过程中无视客观的社会现实以及人的理性有限性，不会寻求完全摆脱已知的、未知的或不完全认知的自然法则的支配，也从来不会奢望这一点。在现实社会中，人们往往不可避免、有意无意地都会在不同程度和意义上依照自然法则，藉由威慑或暴力来谋求或维持自身的优势地位，虽然这些都是不同程度和意义上受到社会理性的限制的。在早期的人类社会，社会关系领域的自然法则无疑在广泛的社会关系中长期居于支配地位（如人们之间的不平等在早期社会中是被普遍承认的），社会理性法则起作用的领域和影响支配能力都是很小的。于是我们就不难理解，虽然共和政体被普遍认为是更为合乎人类理性本性的政体，现今世界上多数国家也都采取了共和政体，但放眼人类历史，在世界各地早期出现的政权形式更多的却是体现自然法则、以王权或皇权形式出现的专制政体，维护王权或皇权在相当长的历史时期，在相当多的国家的法律体系中都占据着重要地位，并在相当广泛的程度和意义上得到了社会的普遍承认，这些现实法律所体现的无疑正是自然法则的要求。尽管如此，人类社会总是在不同程度和意义上以社会理性的存在为前提和根据的，总是在不同范围的社会关系中追求合乎社会理性法则的，而无论人们是否明确地认识到这一点。在不同历史时期，人们具有不同的历史传承，不同社会总体上的理性水平、认知和推理能力会存在较大差异，而不同的人也会因为具有各不相同的认知天赋、各不相同的生活经历而具有不同的认知推理能力。这些都使得，在不同领域、不同事项上，人们合乎社会理性地处理相互关系所可能获得利益的价值是各不相同的，人们在彼此间的关系上追求合乎社会理性的意愿和能力各不相同，会使社会理性在不同的情势之下现实具有的影响支配能力也是各不相同的，是不得不受到社会现实制约的。在社会理性影响支配范围之外，人们之间的关系必然受到我们有认知的或没有认知的自然法则的支配，唯有在社会理性认知的范围内，在遵循社会理性法则能够带来现实利益的基础上，在人们意欲以社会理性支配彼此之间关系的程度和意义上，人们之间的社会关系才能建立在理性基础上，这就注定了罪刑关系的处理在合乎理性、受到新刑罚报应理论影响支配的同时，也必然要求是合乎现实的，即必须考虑人们认知之外的、现实影响犯罪结果的偶然性因素在罪刑关系中具有的意义。

二、新刑罚报应理论如何适用于具体犯罪行为的罪刑关系

在认定具体犯罪行为犯罪事实的基础上，新刑罚报应理论适用于具体犯罪行为以确定现实的罪刑关系，涉及两个紧密相关的思维过程：一是认定现实犯罪行为具有的理性属性，借以理解并认识犯罪人与被害人或社会间在犯罪所涉利益上存在的对立统一关系；二是着眼于犯罪行为造成或可能造成的损害，基于犯罪行为具有的理性属性，依照新刑罚报应理论现实地确定具体犯罪行为罪刑关系。

（一）如何认定现实犯罪行为具有的理性属性

理解、判定现实犯罪行为理性属性，涉及犯罪行为工具理性属性和社会理性属性两个方面，由于两个方面是正向对立的，其理解和判定在现实上又是紧密相关的。

1. 现实犯罪行为理应被推定为合乎工具理性

犯罪行为工具理性属性是指犯罪行为是否能够实现、在多大程度和意义上能够实现行为意欲追求的利益。犯罪行为工具理性属性能够显示犯罪人与被害人间在犯罪所涉利益上存在的对立关系，体现犯罪行为内含的、为自然法则支配的行为准则。由于现实的复杂性、理性的有限性，人们的行为价值标准各不相同（如有的以是否能够生存为标准，有的以取得最大快乐为标准，有的以是否能够维护尊严为标准等），人们对现实犯罪行为在何种程度和意义上合乎工具理性往往是难以准确认知进而达成共识的（这内在地也在部分意义上决定了现实罪刑关系的处理绝不是单纯的逻辑推理问题），但犯罪行为内含利益关系的客观实在性决定了犯罪行为工具理性属性的客观性仍是不可否认的，决定了对犯罪行为工具理性属性仍是可以形成一般社会判断的。

认定、判断犯罪行为工具理性属性，以对犯罪行为主观方面的正确认知为基础和前提。犯罪行为主观方面是犯罪人对自己的行为及其危害结果所持有的心理态度，包括犯罪的罪过（犯罪的故意或过失）以及犯罪的目的和动机，它们最集中地体现了犯罪行为在犯罪人心目中具有的意义。其内含的理性逻辑体现并决定了犯罪行为能够获得的利益和可能造成的损害，体现了犯罪人与被害人在现实上存在的利益上的对立关系，从而自然成为我们认定、判断犯罪行为工具理性属性的出发点和最重要根据，尽管相关判断我们不可能脱离对外在犯罪情势的认知。

犯罪人主观心理态度的隐秘性和现实复杂性，决定了犯罪行为工具理性属性是无法绝对准确客观地加以判断的，其判断在现实上有赖于我们对犯罪行为合乎工具理性的推定。这一推定之所以是有效的、能够成立的，存在两个方面的原因或根据。一方面，由于人类理性及其决策机制作为千百万年长期进化的产物为人类行为合乎工具理性提供了自然保证，现实犯罪行为自然理应是合乎工具理性，有利于行为人自身利益实现的（这一利益或者体现为有助于生存的利益，或者体现为平等的实现），这是我们能够推定犯罪行为合乎工具理性的现实根据。虽然行为人、社会一般人现实具有的认知能力有时不能在现实犯罪行为中明确地认识到或揭示出这一点（有时甚至会在现有认知逻辑中得出否定性结论），虽然现实行为有时会对行为人产生不利后果。另一方面，由于犯罪行为在多大程度和意义上合乎工具理性只能以概率形式呈现出来，这使得不论犯罪行为意欲实现利益为何、结果如何，我们都难以否认犯罪行为是合乎工具理性的前述推定，除非有确实、可靠证据排除或限制了前述推定。

基于前述两个方面的理由，虽然我们能够也理应推定犯罪行为是合乎工具理性的，但这种推定在现实中并不具有绝对性。一方面，考虑到现实复杂性和人类理性有限性，人类行为常常是内含错误的，这些错误在有确实证据支持时就会使前述推定难以成立。另一方面，由于人总是现实地生存于社会之中，人及其行为具有社会性，从而在不同程度和意义上受到社会理性的影响支配是必然的，而犯罪行为社会理性与其工具理性总是正向对立的（这在前文中已得到有效证明：在社会理性的影响支配范围之内，犯罪行为只能是有害于犯罪人利益的，从而体现出对工具理性的否定）。这使得，犯罪情势、犯罪行为内含的社会理性能够否定、限制犯罪行为合乎工具理性推定的程度和意义。这就决定了，在有确实可信的证据不同程度排除、限制犯罪行为合乎工具理性的前述推定时，理应对其予以排除或限制。

与限制、排除犯罪行为合乎工具理性推定的前述两方面理由相对应，相关证据包括两类：一是犯罪行为内含错误或瑕疵的证据，这些证据表明犯罪行为不能实现犯罪人意欲追求的目的，或改变了犯罪行为对犯罪人具有的价值，如因犯罪对象错误、手段错误而不能实现犯罪目的（如将白糖误作砒霜进行投毒），犯罪行为是由未成年人或丧失行为能力的精神病人实施的等；二是证明犯罪行为客观上在不同程度和意义上受到社会理性影响支配的证据，如犯罪行为现实发生的时代背景、时间地点，被有效追诉的可能性，藉由合法行为在何种程度和意义上能够实现人们的生存发展利益等。由于犯罪行为工具理性与其社会理性属性总是正向对立的，证明犯罪情势对犯罪行为在社会理性上的影响支配能力的证据，表明犯罪行为受到社会理性影响支配的证据也就减损或限制了犯罪行为合乎工具理性的程度和意义，足以影响现实罪刑关系的处理。

2. 认定犯罪行为社会理性属性有赖于可靠证据的证明

虽然除非有相反证据，我们能够也理应推定犯罪行为是合乎工具理性的，但对于犯罪行为社会理性属性的认定，即犯罪行为在何种程度和意义上受到社会理性的影响和支配的认定，我们却必须有确实可信证据的支持。之所以如此，是因为犯罪的现实发生本身就无可怀疑地证明了社会理性的失败，证明了犯罪人与社会或被害人间利益上存在的对立关系，而要在部分意义上否定或限制这种推定，确认犯罪行为具有社会理性属性，不同程度受到社会理性的影响和支配，确认犯罪行为所涉利益在犯罪人与被害人间具有同一性，需要确实可信证据予以支持就是自然的了。

认定犯罪行为社会理性属性，判断犯罪行为在何种程度和意义上受到社会理性影响支配，需要综合考虑犯罪行为内外两方面存在的证据。这里的外在于犯罪行为的证据，所证明的外在于犯罪行为的事实是直接影响犯罪行为对犯罪人具有的价值意义的事实，体现的是外在犯罪情势具有的使犯罪行为合乎社会理性的影响支配能力，理应影响犯罪人赋予犯罪行为的价值及其具有的社会理性属性（即使犯罪人没有明确地认识到这一点也是如此）。这在宏观上涉及犯罪发生时代背景的生产力水平、社会整体道德水平、社会组织有效性等（这在总体或一般意义上涉及、影响刑罚适用的社会总体水平）。就具体或特定种类犯罪行为而言，则牵涉犯罪人藉由合法行为能够获得利益的价值，具体犯罪或特定种类犯罪发生的时间地点、犯罪行为被发现而受到惩罚的可能性等。如发生于公众场合的盗窃行为与夜晚在私人住宅内发生的盗窃行为相比，前者受到社会理性更大程度的影响和支配。而内在于犯罪行为的证据，则是犯罪行为自身具有的表明其在何种程度和意义上现实地受到了社会理性影响支配的证据，涉及表明犯罪人人格特征、行为特征的证据（如累犯、暴力），也涉及表明犯罪行为的主观罪过、动机、意图实现的目的及其现实可能性的证据等。与直接故意的犯罪行为相比，间接故意或过失犯罪行为在更大程度和意义上受到社会理性的影响支配；与以重伤害、故意杀人为犯罪目的的犯罪行为相比，以轻伤害、侮辱为目的的犯罪行为在更大程度和意义上受到社会理性的影响支配。值得注意的是，犯罪行为是否受到社会理性的影响支配，在什么程度和意义上受到社会理性的影响支配，是一个需要综合犯罪人内在主观罪过和外在犯罪情势加以权衡、判断的过程。在公众场合对被害人进行殴打的犯罪行为无疑是在很大程度和意义上受到社会理性影响支配的；但发生于公众场合预谋实施的故意杀人，虽然也受到社会理性的影响支配，但受到影响支配的程度却是很低的。

3. 犯罪主观方面在犯罪行为理性属性认定中具有的意义

犯罪行为主观方面是犯罪主体对自己行为及其危害社会的结果所抱持的心理态度，涉及犯罪人的罪过（即犯罪故意或犯罪过失）、犯罪的目的和动机，其在传统刑罚理论中是犯罪人承担刑事责任的主观根据，是适用刑罚必须考虑的重要因素，对罪刑关系的现实处理具有重要意义。与之形成鲜明对比的是，犯罪行为主观方面、犯罪故意、犯罪过失、犯罪目的、犯罪动机等这些在传统刑罚理论及实践中具有重要意义的概念却并没有作为独立的概念直接出现于新刑罚报应理论之中（事实上，相关概念同样没有直接出现于康德、黑格尔的罪刑关系理论之中）。尽管如此，从前述对犯罪行为理性属性的确定中可以看出，新刑罚报应理论在现实罪刑关系处理中并没有无视这些因素的存在及其具有的意义，而是将其置于犯罪行为理性属性之下，藉由考察其在确定犯罪行为工具理性属性与社会理性属性中具有的意义，进而考虑其对罪刑关系的影响。

传统刑罚理论和实践注重犯罪的主观方面特征，而对在根本意义上直接影响、决定罪刑关系的犯罪行为理性属性却缺乏应有的关注，这使其与笔者提出的新刑罚报应理论存在重要区别。犯罪主观方面作为犯罪人刑事责任的主观根据，固然内含着犯罪人的主观恶性，在传统刑罚理论中是犯罪人及其犯罪行为反社会性的主观体现，体现着犯罪人与被害人或社会之间在利益上存在的对立关系。但在犯罪行为主观方面，我们却不可能对犯罪人与被害人在利益上存在的统一关系作出客观判断，不可能在犯罪主观方面对犯罪人与被害人或社会之间现实的、利益上存在的对立统一关系作出全面评估。这就使传统刑罚理论对犯罪行为在现实意义上如何建构、影响乃至改变犯罪人与被害人或社会间的社会关系，其间存在什么样的理性逻辑关系，难以作出正确客观的判断，这自然使传统刑罚理论难以确定性地解决罪刑关系，是传统刑罚或刑法理论存在诸多问题的重要原因之一。相较而言，新刑罚报应理论明显能更为有效地理解、处理现实罪刑关系。这在法人犯罪中有极为鲜明的体现：对于同一犯罪，何以对法人犯罪的刑罚适用普遍远较自然人犯罪轻，这在传统刑罚理论中是难以理解的，但在新刑罚报应理论中却是很容易理解的。一方面，法人实施的犯罪作为法人行为在更大程度上受到社会理性的影响支配，这主要体现在法人行为、法人成员职务具有很大的社会属性，总是履行着某种特定的社会职能，法人成员职务行为在许多方面以多种方式受到社会的有效监管。与自然人犯罪相比，法人犯罪行为总是在更大程度上受到社会监管，受到社会理性支配，这自然直接影响并限制了法人成员作为犯罪人需要承担刑事责任的范围。另一方面，在法人犯罪中，法人往往以罚金方式承担了部分刑事责任，从而个人承担的刑事责任要小些就是自然的了。

与传统刑罚理论相比，新刑罚报应理论对犯罪主观方面因素的处理有以下几个鲜明特征。首先，无论是犯罪行为工具理性属性，抑或犯罪行为社会理性属性的判定，都离不开对犯罪行为主观罪过是故意或过失的现实认知，犯罪目的和动机在犯罪行为理性属性的认定中无疑也有重要影响。但在对犯罪行为主观方面认知之外，犯罪行为理性属性的判定还需要辅以对犯罪行为以外的其他诸多因素的考虑，如犯罪情势社会组织化水平，犯罪受到有效追诉的可能性，犯罪人在现实社会生活中的谋生能力等。其次，犯罪行为理性属性涉及犯罪行为工具理性属性和社会理性属性两个方面，其在本质意义上反映的是犯罪人与被害人或社会间在犯罪行为所涉利益上存在的对立统一关系。新刑罚报应理论正是着眼于这种现实利益上的对立统一关系确定犯罪行为在何种程度和意义上处于自然状态，而在相应程度和意义上处于社会理想完美状态，进而依照新刑罚报应理论，藉由逻辑推理确定犯罪行为刑事责任和民事责任的承担，实现对刑罚正义与功利统一的追求。这与传统刑罚理论主要着眼于犯罪行为主观方面所体现的犯罪人主观恶性来确定犯罪人刑事责任，进而确定对犯罪人适用的刑罚具有明显不同：二者相比，新刑罚报应理论综合考虑了犯罪行为内外两个方面的影响因素，其所确定的罪刑关系具有明确清晰的逻辑推理过程；相较而言，传统刑罚理论所确定的罪刑关系在逻辑上是不清晰的，自然具有很大的不确定性，前者明显是更为科学的。最后，在现实中，犯罪行为都被推定为是合乎工具理性的，并在不同程度和意义上受到社会理性支配，其与犯罪行为主观罪过是故意抑或过失之间虽然存在紧密联系，但犯罪行为主观罪过是故意抑或过失本身却并不妨碍我们对犯罪行为合乎工具理性的推定。如对于交通肇事罪，虽然犯罪行为是过失行为，客观上是有害于犯罪人的，但我们仍可以认为犯罪行为作为客观行为是合乎工具理性的，在其内在理性逻辑上，行为是有益于犯罪人的，只是犯罪人不正当地无视了行为给被害人造成损害的风险。从概率意义上看，有大量的此类行为是没有造成损害的，并且相关违规行为确实损害了被害人利益，并不正当地给行为人带来了利益。

源于人的理性有限性，具体犯罪行为工具理性属性和社会理性属性的判断不可避免地会涉及太多需要考虑的偶然性因素，涉及太多的不确定性，因而具有很大的主观性，人们往往难以给出准确的答案，有时甚至是我们的现有知识难以理解的。但我们也应认识到，在新刑罚报应理论之下，具体犯罪行为在何种程度和意义上合乎工具理性、受到社会理性支配；与之相对应，犯罪行为在何种程度和意义上处于自然状态，何种程度和意义上受到社会理性支配而处于理想完美社会状态，各自相对应的损害有哪些，仍然具有客观性，存在一般社会判断。只是这种客观性在相当程度上是间杂诸多错误，在不同的概率意义上、以偶然的主观样态呈现出来——这些判断、推理仍是建立在理性基础之上的，绝非单纯的臆测。作出判断的客观准确性和难易程度与特定情势的复杂性紧密相关，在某些情况下很难作出，如对当今的现实盗窃犯罪、贪污贿赂犯罪的社会理性属性作出判断；一些情况下却较为容易、只是难以准确，如就民间纠纷引发的故意伤害犯罪的工具理性和社会理性属性作出的判断；而在另外一些情况下，相对于行为目的来说，很多时候可以很准确地作出判断，如就交通肇事犯罪的社会理性属性作出的判断。

由于理性有限性，从另一方面看是涉及诸多的偶然性因素，我们不可能绝对准确地确定犯罪行为具有的理性属性，这不可避免地会使前述着眼于犯罪行为理性属性确定的罪刑关系不是绝对清晰的，会具有模糊性，但这作为理性有限性的产物是我们必须接受和忍受的。在此，我们更应该看到这里的罪刑关系确定具有的积极意义，就现实罪刑关系的确定而言，我们在思想观念上能够进行清晰的逻辑推理，与传统刑罚理论相比，其使现实罪刑关系的确定具有了更为可靠、准确的理性根据。

（二）如何现实地确定具体犯罪行为的罪刑关系

在犯罪行为理性属性得到确定的情况下，现实地确定具体犯罪行为的罪刑关系，我们固然首先需要考虑到理性在何种程度和意义上对现实社会关系具有影响支配能力，以自觉将新刑罚报应理论的影响支配作用限制在现实理性影响支配范围之内。但主要却在于，基于犯罪行为事实及其具有的理性属性，理解犯罪人与被害人在犯罪所涉利益上存在的对立统一关系，理解犯罪人、被害人间的社会关系在何种程度和意义上处于自然状态，在何种程度和意义上受到社会理性完全意义上的支配，以便既合乎理性，也合乎现实地确定具体犯罪行为的罪刑关系，以求在现实意义上合乎新刑罚报应理论地实现对刑罚正义的追求。为此，我们有两方面的理论问题需要解决：一是着眼于犯罪行为理性是否能够涵括犯罪结果，从另一方面看是着眼于基于犯罪行为的理性属性就罪刑关系进行逻辑推理的有效性，确定现实罪刑关系处理需要特别考虑犯罪行为内含偶然性具有意义的犯罪行为——对于无需特别考虑犯罪行为内含偶然性在罪刑关系中具有意义的犯罪行为，直接依照新刑罚报应理论，藉由逻辑推理确定具体犯罪的刑罚适用；二是对于需要特别考虑犯罪行为偶然性在罪刑关系中具有意义的犯罪行为，需要确定犯罪行为偶然性在现实罪刑关系中具有意义应遵循的原理，借以合乎现实地对具体犯罪行为适用刑罚，使新刑罚报应理论所追求的刑罚正义在理性范围内、在现实罪刑关系处理中得到实现。

1. 现实罪刑关系确定需要特别考虑偶然性具有意义的犯罪行为

犯罪的恶是内在于犯罪人的主观罪过，进而内在于犯罪行为的，就一般的犯罪行为而言，客观现实的犯罪行为及其结果总是按照犯罪行为内在理性逻辑或被认为具有的理性逻辑现实展开的。由于犯罪行为的工具理性和社会理性属性反映了犯罪人与被害人或社会间在犯罪所涉利益上存在的对立统一关系，反映了二者间的社会关系在何种程度和意义上处于自然状态，而在相对程度和意义因受到社会理性支配而处于理想完美的社会状态。虽然犯罪行为的实施总是受到诸多偶然性因素影响，但着眼于新刑罚报应理论基于犯罪行为理性属性在犯罪与刑罚间确立起来的必然联系，在现实确定的犯罪行为理性属性能够涵括犯罪行为产生的客观损害的情况下——此类犯罪包括过失犯罪、间接故意犯罪和部分直接故意犯罪（即犯罪目的得到实现、犯罪结果是内在于犯罪目的的直接故意犯罪），我们不难基于逻辑推理，依照新刑罚报应理论现实地确定对犯罪人应该适用的刑罚。在这一逻辑推理过程中，无需特别考虑偶然性因素具有意义。在此，对于犯罪行为不可避免的、必然具有的、处于人们有效认知范围之外的诸多偶然性因素在罪刑关系中具有的意义，是业已在犯罪行为理性属性认定、推定的相关原理中得到了有效处理的。

使刑罚适用、现实罪刑关系处理既合乎犯罪行为理性属性，也合乎犯罪行为的客观现实成为问题而需要特别予以关注、探讨的是，与前述类别的犯罪行为在相对意义上存在的、因偶然因素的影响而使犯罪结果显著不同于犯罪目的的犯罪行为，正是这种不同使犯罪行为理性属性在逻辑上难以涵括犯罪结果，进而使得我们不可能单纯地根据犯罪行为理性属性和新刑罚报应理论藉由逻辑推理确定现实的罪刑关系，从而必须特别考虑影响犯罪结果现实发生的偶然性因素在罪刑关系中具有的意义。

2. 确定偶然性在现实罪刑关系中具有意义应遵循的原理

因偶然因素的影响而使犯罪结果显著不同于犯罪目的的犯罪行为，是在现实罪刑关系处理中需要特别考虑偶然性因素具有意义的犯罪行为。对于此类犯罪行为，我们虽然不可能依据新刑罚报应理论单纯地藉由逻辑推理确定现实罪刑关系应如何存在，但确定罪刑关系、适用刑罚作为一项理性指导下的活动，仍是必须合乎新刑罚报应理论，建立在犯罪行为理性属性基础之上的，是应该也能够合乎理性的，至少在思想观念上，我们必须在犯罪与刑罚之间、在质量两方面建立起因果意义上的必然联系。为此，对于因偶然因素的影响而使犯罪结果显著不同于犯罪目的的犯罪行为，我们必须在理论上解决偶然性在确定罪刑关系中具有意义应遵循的理性规则，即原理。

因偶然因素的影响而使犯罪结果显著不同于犯罪目的的犯罪行为在现实司法实践中是广泛存在的，现实地考虑使犯罪结果显著不同于犯罪目的的偶然性因素在罪刑关系中具有的意义，进而现实地确定相关犯罪行为的罪刑关系。我们首先应看到犯罪行为理性属性在确定罪刑关系中具有的意义，看到犯罪人藉由犯罪行为意欲实现利益的价值意义，借以理解犯罪行为理性属性所体现的犯罪人与被害人或社会间在利益上存在的对立统一关系。从另一角度看是理解犯罪人与被害人间的社会关系在何种程度和意义上处于自然状态，而在相对应程度和意义上因受到社会理性支配而处于理想完美的社会状态。其次，要看到现实的犯罪结果究竟为何，使犯罪结果显著不同于犯罪目的的偶然性因素究竟为何，现实犯罪结果如何不同于犯罪人意欲实现的犯罪目的，即看到犯罪行为因受到偶然性因素影响而在犯罪人与被害人或社会之间形成、建构起来的社会关系在现实上究竟为何，犯罪行为是否以及在何种程度和意义上现实地损害或改变了理应存在于犯罪人与被害人间的平等关系，犯罪结果与犯罪行为意欲实现的目的之间有何区别。最后，着眼于偶然性因素在社会现实中具有的意义，从另一角度看是着眼于偶然性因素影响导致的犯罪结果与犯罪目的间存在的差异，基于犯罪人与被害人或社会之间在现实利益上存在的对立统一关系，依据新刑罚报应理论现实确定应该适用的刑罚——这内在地包含了对犯罪行为内含偶然性因素在现实社会关系中具有意义，即减轻或加重的犯罪损害结果的分配，借以在犯罪行为内在理性逻辑上排除其现实存在的理性根据，使犯罪行为在社会理性影响支配的范围内、在自然演化意义上成为非理性的，无助于犯罪人利益实现的，最终实现刑罚正义。在此，为实现刑罚正义，何以应该在社会理性影响支配范围内、在自然演化意义上使犯罪行为成为非理性的作为标准呢？因为新刑罚报应理论是理应也必然在现实社会关系中得到体现的。

3. 确定偶然性在现实罪刑关系中具有意义应遵循原理的现实适用

着眼于偶然性因素在犯罪行为结果中具有的意义，对于因偶然因素影响而使犯罪结果显著不同于犯罪目的的犯罪行为，我们可以在观念上将其分为两类：一是因受偶然性因素影响造成较犯罪目的更严重损害的犯罪行为；二是因受偶然性因素影响而没有实现犯罪目的、没有造成或仅造成较轻客观损害结果的犯罪行为。考虑偶然性因素在罪刑关系中具有的意义，依照新刑罚报应理论现实地确定两类犯罪行为的罪刑关系，二者在逻辑上以及应遵循的规则上均各自具有自身鲜明的特征。

就第一类犯罪行为，即就因受偶然性因素影响而造成较犯罪目的更严重损害的犯罪行为来说，依照新刑罚报应理论确定罪刑关系，决定如何对犯罪人适用刑罚，我们首先必须看到犯罪行为内含的理性逻辑究竟为何，其在犯罪人与被害人间所意欲确立的社会关系在何种程度和意义上处于自然状态，而在相对应程度和意义上受到社会理性的有效影响和支配。据此就犯罪人意图造成的损害确定犯罪人应该承担的刑事责任，以及能够以民事责任替代刑事责任的部分有哪些，借以在犯罪行为内在逻辑意义上使其成为非理性的、排除其现实存在的根据。而对于犯罪行为由于偶然因素影响而在犯罪目的之外造成的更为严重的损害部分，主要应着眼于犯罪行为及其罪刑关系在自然层面具有的意义确定犯罪人应该承担的（刑事）责任，借以使犯罪行为在自然演化意义上成为非理性的、无助于犯罪人利益实现的，借以实现犯罪人与被害人事实上的平等——这需要考虑产生更重损害的原因何在来确定责任的归属。在损害是可以归因于被害人的原因时，如损害是由于被害人自身有严重疾病导致的，损害自然主要应由被害人自身承担，但考虑到犯罪行为诱发了损害，在自然演化意义上明显的是，犯罪人应在次要意义上就损害承担刑事责任，且这部分刑事责任在很大程度上是可以民事损害赔偿责任替代的。在损害是可以归因于来源于犯罪人、被害人之外第三人的偶然性因素时，考虑到社会理性具有的影响支配能力，对偶然性原因导致的损害负有责任的第三人固然应依民法规则承担民事责任，在这一民事责任不足以弥补被害人损害的意义上，就不足弥补的损害，犯罪人仍应承担刑事责任，只是这部分损害在很大程度上是可以民事损害赔偿替代的。在损害是可以归因于其他偶然意义上的原因时，考虑到社会理性在犯罪人与被害人间关系上具有的影响支配能力，犯罪人就加重损害所承担的刑事责任理应是能够以民事责任替代的，只是在所承担的民事责任不足以实现犯罪人与被害人间在自然演化意义上的平等的程度和意义上，相关的损害仍应作为犯罪人承担刑事责任的基础，借以在自然现实层面、在自然演化意义上实现犯罪人与被害人的平等。

就第二类犯罪行为而言，即就因受偶然性因素影响而没有实现犯罪目的、没有造成或仅造成较轻客观损害结果的犯罪行为而言，着眼于罪刑关系在自然演化层面理应具有的意义，对犯罪人理应是从轻、减轻甚至避免适用刑罚的。但在如何现实地承担刑事责任问题上，我们有必要着眼于社会理性对犯罪人与被害人间社会关系的影响支配能力，着眼于理性在犯罪情势处于自然状态的程度和意义上，以及处于理想完美社会状态的程度和意义上就犯罪造成损害调整犯罪人、被害人间社会关系所遵循的不同理性逻辑来确定犯罪人刑事责任的承担。为此，我们需要将此类犯罪区分为两个类型分别加以探讨。

此类犯罪第一个类型的犯罪行为是社会理性对犯罪人与被害人间的社会关系有很强的影响支配能力的犯罪行为，典型的如由民间纠纷引发、以单纯给被害人造成伤害为目的，却受偶然因素影响而使犯罪目的未能实现，没有造成或仅造成较轻客观损害的犯罪行为。此类犯罪行为的现实发生对犯罪人、被害人来说都无可怀疑地是一个悲剧——犯罪人、被害人作为社会主体虽然均愿意或理应愿意在社会理性基础上解决彼此之间的纠纷，但犯罪行为作为悲剧仍然现实发生了。犯罪的发生不仅如一切犯罪行为那样在本质意义上是违背社会理性的，即是在必然意义上建立在理性错误基础之上的，而且导致犯罪行为现实发生的理性错误是极为明显的，理应能够得到认知的，至少对当事双方来说是能够认知的（尽管犯罪人或被害人在犯罪行为发生时可能并没有认识到这一理性错误），这构成了此类犯罪行为与以获取现实物质或精神利益为目的的犯罪行为在理性属性上存在的重要区别。这里的理性错误在现实中常常以犯罪人、被害人对自身行为后悔的方式鲜明地表现出来。正是因为犯罪行为建立在理应得到认知的理性错误基础之上，社会理性无疑就在很大程度上，甚至在完全意义上具有了对犯罪行为的影响支配能力，这使得从功利意义上考虑，除非犯罪行为确实给被害人造成了现实损害，需要恢复犯罪人与被害人间被犯罪行为破坏的平等关系，在偶然性原因导致犯罪行为没有给被害人造成客观损害的情况下（如被害人对故意伤害行为采取了及时的躲避措施），对犯罪行为的刑罚适用往往是不必要的，或仅在较小程度和意义上需要对犯罪人适用刑罚（在犯罪人有更为恶劣的主观恶意时），即使故意伤害行为在传统刑法理论中能够被认定为犯罪未遂（以故意伤害为目的实施了行为，只是没有造成客观损害）。这可以很好地说明既有的民间纠纷引发的故意伤害犯罪的刑罚适用实践：除非故意伤害行为确实给被害人造成了严重伤害，即使是行为客观上构成了犯罪未遂，一般来说也不对行为人现实适用刑罚；即使造成了轻伤，如果犯罪人能积极给予民事赔偿并获得被害人谅解，一般也不对犯罪人现实适用刑罚。在此，笔者并不否认，在故意伤害犯罪行为是内含恶意的情况下，即使没有给被害人造成现实损害，从刑法理论应有的逻辑来说仍是能够对其追究刑事责任的；也不否认在犯罪人主观上存在能够得到证实的以造成重伤害为犯罪目的的情况下，即使没有造成损害，也理应将行为作为犯罪适用刑罚。在此，社会理性对犯罪行为仅具有有限的影响支配能力，不足以有效调整犯罪人与被害人间的社会关系，从而有适用刑罚的必要。

第二个类型的犯罪行为是以获得特定现实利益（物质利益或精神上的平等利益）为犯罪目的，却因受偶然因素影响而未能实现犯罪目的、没有造成客观损害的犯罪行为。此类犯罪主要表现为犯罪人与社会、国家之间的冲突，如盗窃犯罪、恐怖袭击犯罪。这一类型的犯罪行为虽然是违法且有害于社会整体利益的，但单纯从犯罪行为自身来看，或现实地从概率意义上看，却理应是合乎工具理性而有利于犯罪人自身利益实现的，是建立在理性基础之上的。尽管犯罪因违背社会理性法则而在本质意义上建立在错误基础之上，我们也能够在一般意义上对犯罪行为给予道德上的谴责。但着眼于自然意义上的犯罪人、被害人各自的生存发展利益，在现有的社会理性状况之下，何种行为才能使各自的生存发展利益得到适当尊重和有效维护，这里导致犯罪行为的理性错误基础究竟何在却是难以认知的——社会理性对犯罪人与被害人或社会间关系不具有有效的影响支配能力，这在理性属性上构成了与第一个类型犯罪行为根本意义上的不同，也决定了二者在刑罚适用规则上存在的不同。

就第二个类型的犯罪行为而言，着眼于犯罪行为具有的工具理性属性和社会理性属性，刑罚适用应遵循三项规则。其一，对于此类犯罪，就其合乎工具理性却违背社会理性法则并有害于社会整体利益而言，我们应该对其适用刑罚，而无论其是否造成现实危害。如此，我们就不难理解，盗窃犯罪、诈骗犯罪、受贿犯罪即使处于未遂状态，也均是应给予刑罚惩罚的，这构成了与因民间纠纷导致的故意伤害犯罪的明显不同。其二，就其未能实现预期的犯罪目的、没有产生预期的犯罪结果或社会危害而言，与实现了犯罪目的的犯罪行为相比，则应从轻、减轻刑罚适用。其三，在对犯罪行为具有认知的程度和意义上，着眼于犯罪行为内在理性逻辑及其在概率意义上可能造成的损害，在自然演化意义上追求犯罪人与社会其他人员之间的平等，借以在犯罪行为内在理性逻辑上排除不当利益的获得，使其成为非理性的（并不排除在理性认知之外、在犯罪行为处于自然状态的程度和意义上犯罪人能够现实获得的利益）。在此，为促进对这里所阐释的刑罚理论的理解，笔者想进一步指出两点：一者，在新刑罚报应理论之下，对于盗窃罪，在被盗财物被犯罪人使用、消费之后才是真正地实现了犯罪目的，这可以说明为何被盗财物的返还、赔偿等均可成为从轻对盗窃罪适用刑罚的根据，尽管相关犯罪法定刑的设置通常总是以既遂犯罪为标准的；二者，出于理论探讨的方便，这里作为探讨对象的犯罪行为是犯罪行为实施完毕却未能实现犯罪目的的犯罪行为，在传统刑法理论中涉及犯罪未遂及犯罪构成要件齐备却未能实现犯罪目的的犯罪既遂两个部分，这自然使这里探讨的刑罚适用规则与我国刑法关于犯罪未遂的刑罚适用规则存在差异。

（三）反对缺乏主观根据或缺乏客观根据的刑罚适用

将现实罪刑关系的确定建立在理性基础之上，使罪刑关系既合乎犯罪行为具有的理性属性，也合乎犯罪行为的客观现实，这不仅意味着对作为刑罚适用对象的犯罪行为的认知需要是客观明确且排除合理怀疑的（这可以视为是对刑事诉讼中排除合理怀疑规则的推证）；而且在更深层的意义上意味着，作为犯罪行为必然结果的刑罚适用的每一部分都必须是有确实的主观根据和客观根据的（尽管会不可避免地具有模糊性）；无论是在刑法理论上，抑或在现实的刑事司法实践中，我们既要反对缺乏客观根据的刑罚适用，也要反对缺乏主观根据的刑罚适用。

1. 何以应该反对缺乏客观根据的刑罚适用

反对缺乏客观根据的刑罚适用，并不意味着排除将犯罪行为可能产生的危害结果作为承担刑事责任的根据——即使犯罪结果在偶然意义上没有现实发生，但如果危害结果在犯罪行为的内在理性逻辑上是可以预见的、有确实现实发生根据的，未能现实发生的犯罪结果仍然可以成为刑罚适用的根据。这里所反对的，仅仅是单纯地将不确定的、主观臆测的犯罪结果作为承担刑事责任以及现实适用刑罚的根据。即使是对于犯罪行为极少发生却难以绝对排除的犯罪结果，在其可能偶然地现实发生时，着眼于刑罚适用在现实意义上应合乎新刑罚报应理论，自然也理应成为犯罪人承担刑事责任的根据。但在其发生缺乏现实根据而不可预见，或在概率意义上现实发生的可能性极低的情况下，相关的危害结果就不应成为刑罚适用的现实根据，唯此才能将刑罚适用建立在理性基础上。犯罪行为可能产生的危害结果是否缺乏现实根据而不可预见，是否概率极低而难以成为刑罚适用的基础，是一个事实判断问题，难以在普遍意义上确立理论上的适用规则。但我们仍可在下述意义上确立一项确定性规则：在危害结果的产生以犯罪人以外的他人的主观错误、过失为必要时，没有现实发生的危害结果就不应该成为刑罚适用的根据，虽然危害结果现实发生时理应成为犯罪人承担刑事责任的根据，其原因在于，错误、过失的发生只能是偶然的、难以预见的。

错误地将缺乏现实根据或仅仅在极为偶然意义上才能现实发生的犯罪行为危害结果作为刑罚适用的根据，在本质意义上是将主观臆测的犯罪结果作为刑罚适用的根据，无视了客观现实的犯罪行为和刑罚适用在社会现实生活中理应存在的紧密联系。这在我国的一些危害公共安全类犯罪的刑罚适用中有极为鲜明的体现，典型的是盗窃农用变压器、输电线路的犯罪案件。20 世纪 80、90 年代以来，盗窃使用中的农用变压器、输电线路曾在我国较为普遍地发生，这些犯罪行为在司法实践中被认为危害了公共安全，从而是以破坏电力设备罪定罪处罚的。在曾生活在那个年代并在此后的工作中亲历了相关犯罪案件审判的笔者看来，尽管有很多人为此被判处死刑，但该类犯罪对公共安全的危害究何所指却是不清楚、不明确的。在笔者看来，其刑罚适用在很大程度上是建立在主观臆测基础之上的，缺乏坚实的客观基础。在此类案件判决书中，作为危害公共安全的证明，往往仅仅是影响了几十亩农田的灌溉。而在盗窃数十台变压器时，也就是影响了几百亩农田的灌溉，完全看不到犯罪行为曾经造成了被害人的死亡或更严重的现实危害——虽然有很多犯罪人因这一罪名被适用死刑，但现实中我们却从来就没有听说哪个被害人因此类犯罪行为而死亡，罪与刑之间在现实结果上存在明显的失衡，这明显是违背新刑罚报应理论的。在这里，犯罪行为在客观上造成的损害没有被注意到，而基于犯罪行为危害了公共安全，具有危险性的不确实的、臆测的认知影响和支配了量刑实践，这使得相关案件的量刑实践缺少相应的理性基础（经历过那个年代及后来对此类案件的审判，使笔者对此是有切实感受的，并对此进行了深刻的反思）。

2. 何以应该反对缺乏主观根据的刑罚适用

反对缺乏主观根据的刑罚适用，即反对片面注重客观的犯罪结果、未能给予犯罪行为理性属性在罪刑关系确定中具有意义以适当考量的刑罚适用。在新刑罚报应理论之下，此类刑罚适用表面上呈现为片面重视犯罪结果在罪刑关系中具有的意义，单纯就犯罪结果寻求刑罚报应意义上的平等；深层原因则在于未能对导致较犯罪目的更为严重的犯罪结果的偶然性因素在罪刑关系中具有的价值意义形成正确的认知；在本质意义上则是无视了犯罪行为内含理性逻辑在处理罪刑关系中具有的意义，从另一角度看是无视了犯罪人对犯罪行为价值意义的主观认知，从而不能正确认识犯罪人与被害人之间在犯罪行为所涉利益上存在的对立统一关系究竟为何，不能正确认识犯罪人与被害人间的社会关系在何种程度和意义上处于自然状态，而在相对应程度和意义上因受到社会理性支配而处于理想完美的社会状态，从而难以将刑罚适用建立在理性基础之上，自然应该是在刑罚实践中予以反对的。

片面重视犯罪结果在罪刑关系中具有的意义，事实上是未能认知建立在犯罪行为工具理性基础上的损害与非建立在犯罪行为工具理性基础上的损害在确定刑罚适用上存在的价值差异：在损害内含于犯罪行为、建基于犯罪行为工具理性时，损害构成报应意义上适用刑罚的基础。而在更严重损害很大程度上是偶然因素的产物而非内含于犯罪行为理性逻辑时，虽然就损害而言我们也能够对犯罪人在道德上给予谴责，但却不能直接将这一损害作为刑罚报应的基础。从逻辑上说，在能够确知偶然性因素及其在现实犯罪结果发生中具有意义的情况下，社会理性自然也理应能够理解偶然性因素在人生存发展过程中，在现实社会关系自然演化过程中具有的意义，我们自然也不难将影响犯罪行为结果的偶然性因素在犯罪人与被害人间的社会关系处理中、在刑罚适用中具有的意义建立在社会理性基础之上：就偶然性因素导致的损害，首先应根据损害产生的偶然性原因、依社会理性法则在犯罪人与被害人间进行分配，而分配的方式则有两种形式：一是损害的主要部分由被害人承担，犯罪人承担小部分的损害责任；二是单纯由犯罪人对损害承担责任。就犯罪人应该承担的部分损害而言，虽然犯罪人就该部分损害仍应承担刑事责任，但由于社会理性对该部分损害应是具有影响支配能力的，在犯罪人具有赔偿能力时自然应以民事赔偿来实现犯罪人与被害人间的平等，仅在犯罪人无力赔偿或不足以完全赔偿的情况下，才对犯罪人就该不能赔偿的部分损害的社会价值依报应原则适用刑罚（不同于就该部分损害直接依报应原则适用刑罚）。

片面重视犯罪结果在罪刑关系中具有的意义，在我国的刑事司法实践的一些案件中有极为突出的表现。在民间纠纷引发的死亡案件中，有大量死亡是由被害人患有疾病（典型的如患有脑动脉血管粥样硬化）这一具有偶然性的原因导致的，这些案件的刑罚适用往往存在一定的问题。如2006

年发生的张某等故意伤害案中，张某等四人（均为未成年人）因琐事与被害人李某（未成年人）发生纠纷，进而几人对李某用拳脚、石块进行了殴打并致其死亡。法医鉴定表明，李某患有脑血管动脉粥样硬化，李某系因钝性外力致脑血管破裂进而引发呕吐，最终由呕吐的食物残渣进入气管导致窒息而死亡。事后，张某等人虽然分别对李某进行了积极的民事赔偿，但最终张某仍被判处无期徒刑，其他三人分别被判处 8 年到 10 年有期徒刑。[1]在此，由于殴打行为以及被害人患有脑血管动脉粥样硬化都是导致被害人死亡的原因，着眼于罪刑关系处理及罪刑关系在社会自然演化层面具有的意义，就犯罪行为导致的死亡结果，我们首先应着眼于死亡发生的原因（涉及犯罪行为和前述偶然性因素）在自然层面上具有的意义在犯罪人和被害人间分配损害责任（着眼于不同原因在自然演化上具有的价值意义），犯罪人承担责任的部分损害只能是其中的一小部分责任，被害人自身应承担死亡损害结果的大部分责任；其次是就死亡损害结果的一小部分确定犯罪人应该承担的刑事责任：考虑到被害人患有脑血管硬化的概率极低而具有偶然性，一般人，特别是就未成年人而言很难有认知的可能性。就被害人的死亡结果而言，犯罪行为在相当大程度和意义上能够受到社会理性影响支配，从而社会理性对犯罪人与被害人间的现实社会关系就具有了很强的影响支配能力。这就决定了，犯罪人虽然应该对被害人的死亡结果承担刑事责任，但着眼于脑血管动脉硬化在被害人生存发展过程中的不利影响，犯罪人却是仅应对其中的小部分损害结果承担刑事责任的，是应该在较小程度和意义上现实承受刑罚的，且犯罪人的刑事责任在很大程度和意义上是应该以民事责任替代的。如此则既有利于犯罪人与被害人双方利益的实现，也有益于社会利益的实现。遗憾的是，虽然犯罪人是未成年人且对被害人进行了民事赔偿，但依然对犯罪人适用了最重的刑罚。值得注意的是，我国既有司法实践普遍对类似案件适用很重的刑罚——着眼于新刑罚报应理论，我们不难看出此类量刑实践存在一定的问题。

---

〔1〕〔2007〕焦刑一初字第 2 号刑事判决。

三、传统刑法因果关系理论批判

当危害结果发生时，要使犯罪人对该危害结果承担刑事责任，就必须确定犯罪行为与该危害结果间存在因果关系。为解决复杂刑事案件中犯罪行为与危害结果间是否存在因果关系的问题，传统刑法提出了形形色色的因果关系理论来解决这一问题。但着眼于前述对必然性、偶然性概念的准确认知，及在此基础上如何将新刑罚报应理论适用于现实罪刑关系处理原理的确立，同时考虑到因果关系是存在于原因和结果间的必然联系，我们就不难理解传统刑法的因果关系理论何以在根本意义上就是错误的，因而应予否定。

如前所述，必然性和偶然性虽是反映客观事物存在、联系和发展趋势的一对哲学范畴，但终归而言，偶然性与必然性却不是客观事物的性质，不是客观事物本身具有必然性或偶然性，而是认识的性质，是对认识者而言的。偶然性与必然性的判断只是对于判断者才存在：必然性认识建立在人们对客观规律把握的基础之上，而偶然性则在更多意义上是与人们的期望、习惯、经验相背离的，在人们没有认识到事情发生的原因时，便会觉得偶然。[1]偶然性总是意味着认识主体的无知，意味着在人所认识事情的各个要素中没有包含将要发生的结果，意味着我们不知道事情发生的原因，不知道事情如何发生、怎么会发生，因而无法准确预测。[2]作为认识的性质，偶然性、必然性是彼此对立、相互排斥的，根本不可能有共存的可能：在一个平面内相交的两条直线只能有一个交点，二加二等于四，这些都是必然的，不可能有偶然性存在的空间。不可否认，客观事物发展变化的必然性总是内含着诸多的偶然性，并藉由各种偶然性表现出来，但这在根本意义上是缘于人的理性有限性，缘于人们不可能认知事物发展变化

---

[1] 严春友：《决定论与非决定论之语义分析》，载《山西大学学报（哲学社会科学版）》2014年第1期，第3页。

[2] 严春友：《决定论与非决定论之语义分析》，载《山西大学学报（哲学社会科学版）》2014年第1期，第4页。

的所有规律，因而这并不构成对前述观点的否定。明显的是，在一个现象被认为是偶然性的产物时，我们也就在逻辑上排除了就该现象确立起因果意义上的必然联系的可能。

虽然大多数犯罪行为与其危害结果间的因果关系是不难确立起来的，但在因偶然性因素影响产生犯罪人行为逻辑之外的结果时，尽管着眼于条件关系我们不难在自然意义上在犯罪行为与特定的危害结果间确立起因果关系，但由于偶然性因素所内含的无知，或者说受到理性有限性影响，我们却不可能在犯罪行为与危害结果间在思想观念上建立起明确清晰的作为犯罪人承担刑事责任基础的因果关系。在危害结果被视为偶然性因素影响作用下产生的结果时，我们也就在逻辑上排除将危害结果单纯地视为犯罪行为结果的可能。因此，虽然许多犯罪行为与其危害结果间的因果关系是不难确立的，但传统刑法因果关系理论试图在所有犯罪行为与其危害结果间建立起因果关系，进而作为犯罪人承担刑事责任的基础是注定要失败的。由于不可能在所有情况下在犯罪行为与特定结果间确立起明确清晰的因果关系，面对复杂的犯罪情势，传统刑法理论不得不满足于在犯罪行为与危害结果间确立起"相当因果关系"来加以替代。但"相当因果关系"绝不是因果关系，二者必然是有本质区别的，以与因果关系具有本质区别的"相当因果关系"替代因果关系概念在刑法因果关系理论中应当具有的地位，必然带来理论体系上的混乱，是绝不应该发生的，传统刑法因果关系理论是必须在根本意义上加以否定的，尽管在传统刑法诸多的因果关系理论中都是如此处理的。这进而也决定了在因偶然性因素影响而使犯罪行为逻辑不能涵括行为结果时，我们不能着眼于犯罪行为与现实结果间的因果关系确定犯罪行为的刑事责任问题（这一因果关系在根本意义上就是不可能在思想观念上确立起来的），而只能依照前述新刑罚报应理论的现实适用原理，着眼于偶然性因素的来源及其在现实犯罪行为中具有的意义，依照社会理性法则分配偶然性影响的现实负担，加重或减轻犯罪人的刑事责任，这本质意义上是以偶然性因素在现实社会演化过程中具有的意义为指向来修正基于犯罪行为理性属性对刑事责任的推定。唯此才能在真正意义上使刑事责任的确定合乎理性与现实。

　　如何将形而上学意义上的刑罚报应理论适用于复杂的现实犯罪行为的罪刑关系，是广义刑罚理论的重要组成部分，却长期以来被人们有意或无意地无视了。理论上对这一问题的探讨和解决，既有助于对新刑罚报应理论的理解，也有助于对现实社会关系和罪刑关系的理解和处理，这将有助于人类社会关系法治化、理性化的实现。

第五章　刑法理论体系基本原则的推证

　　推证思路： 原则是相对于规则的存在，当一个规则是产生其他规则的基础时，这一规则就可以被称为原则。而刑法基本原则，作为一切刑法规则的基础，作为产生一切刑法规则的规则，绝不可能建基于现实的法律规定，而只能建基于健全的犯罪概念，即建基在我们对犯罪行为的理解与认知基础之上。刑法基本原则包括两项内容：一是罪刑相当原则，二是适用刑罚宽仁原则。

　　考虑到刑法理论体系的不成熟，审视研究进而确定刑法理论体系的基本原则很有必要。英国哲学家洛克的一段话很好地表明了这一点：任何人都应该极其谨慎地观察他所认为是原则的那种知识，并且应该严格考察它，看看自己是凭知识本身的明证确知它是真的呢？还是只根据他人的权威，相信它是真的呢？因为一个人如果学得错误的原则，并且盲目相信并非显然真实的一种意见的权威，则他的理解会有一种强烈的倾向，必然错误地指导他的同意。[1]

　　新刑罚报应理论的建构，使我们对犯罪行为、犯罪概念有了全新的理解和认知，这为我们重新审视、研究刑法理论体系的基本原则奠定了基础。

---

　　〔1〕　〔英〕洛克：《人类理解论》（下册），关文运译，商务印书馆1959年版，第768页。

一、刑法基本原则既有认知概述

英美法系国家的刑法学者很少探讨刑法基本原则问题；而在大陆法系国家，虽说有一些学者无视这一问题，但也有很多学者对这一问题进行了深入的探讨；相较而言鲜明的是，我国内地学者编著的刑法学教科书无不将刑法基本原则作为一个重要的理论和实践问题进行专门的阐释。

在我国刑法理论界，一般认为，刑法基本原则是立法者制定和司法者适用刑法过程中必须始终严格遵循的全局性、根本性的准则。[1]事实上，刑法基本原则不仅是在刑法实践上，而且在刑法学理论上都是一个带有全局性、根本性的重要问题。如果无视刑法基本原则在刑法学理论上具有的意义，我们就不可能理解何以坚持中国共产党的领导、维护社会主义制度这些在我国社会生活中、在刑事立法司法实践中始终得到遵奉的指导性原则，却鲜有人将其确立为我国刑法的基本原则。

虽然刑法基本原则在刑法体系、刑法理论体系中均具有重要地位，但在刑法基本原则问题上值得关注的是，人们对其包含的具体内容并不存在公认的定论，不同学者在认知上往往存在重大差异。我国现今的大多数学者认为罪刑法定原则、罪（责）刑相适应原则和刑法面前人人平等原则构成了刑法基本原则的内容。但也有学者持不同意见，如张明楷教授就主张刑法基本原则包括罪刑法定原则、法益保护原则、责任主义；[2]苏惠渔教授认为刑法基本原则包括罪刑法定原则、罪刑相适应原则、主客观相统一原则、惩办与教育改造相结合原则；[3]曲新久教授更是认为罪刑法定、罪刑相当、刑罚个别化、罪责自负、刑罚人道主义都属于刑法的基本原则；[4]而法国学者卡斯东·斯特法尼仅将罪刑法定原则作为刑法的基本

---

〔1〕　曲新久主编：《刑法学》（第3版），中国政法大学出版社2009年版，第28页。

〔2〕　张明楷编著：《外国刑法纲要》（第2版），清华大学出版社2007年版，第19页。

〔3〕　苏惠渔主编：《刑法学》，中国政法大学出版社1994年版，第31~35页。

〔4〕　曲新久主编：《刑法学》（第3版），中国政法大学出版社2009年版，第28页。

原则;[1]陈子平教授则认为罪刑法定原则、责任主义、行为主义是刑法的基本原则。[2]

一方面是认知上存在的巨大差异，另一方面在刑法基本原则的确定上缺乏令人信服的、在必然意义上得到确定的理论根据和标准，这些决定了刑法基本原则，准确地说是刑法理论的基本原则的界定仍是我们需要进一步面对和解决的重要问题。被称为刑法基本原则的原则是否存在？认作刑法基本原则的标准是什么？刑法基本原则应该包括哪些内容？如果我们想将刑法体系、刑法理论体系建构得更为科学、更为严密有效的话，这些问题都是必须回答的问题。虽然一些人将宪法或刑法的法律规定作为相关刑法基本原则存在的证据，我们不否认将其作为特定国家现实刑法基本原则存在的证据似乎是不存在问题的，也不否认将相关法律规定确立为刑法基本原则在现实实践中具有的积极意义，即能够突显相关刑法基本原则在法律体系中具有的重要地位。但这显然不足以在普遍意义上、在刑法理论上确立相关的刑法理论基本原则及其在刑法理论体系中具有的地位。这主要是考虑到，作为刑法理论上的基本原则，其有效性不可能建立在立法规定的基础之上，是不可能仅限于特定国家，而必须是普遍有效的。不仅在一国法律中有效，而且应该在世界各国、在历史上不同的时期都应该是有效的：只要刑法是合乎理性的，相关的刑法理论基本原则就必然得到体现，而不论人们是否明确地认识到它、是否明确地将其规定于现实的刑事立法之中。

明显的是，刑法基本原则，更准确地说是刑法理论的基本原则，仍是需要在刑法理论上加以解决的重要问题。

二、刑法理论基本原则与刑法基本原则异同

很多刑法学书籍对刑法理论基本原则的探讨是在刑法基本原则下进行

[1]　[法]卡斯东·斯特法尼等：《法国刑法总论精义》，罗结珍译，中国政法大学出版社1998年版，第2页。
[2]　陈子平：《刑法总论》（2008年增修版），中国人民大学出版社2009年版，第35、46页。

的，而考虑到刑法基本原则与刑法理论基本原则之间理应存在的同一关系，以刑法基本原则意指刑法理论基本原则也是可以的，不存在重大障碍。但我们仍应注意的是，刑法基本原则与刑法理论基本原则在本来意指上却是存在重大不同的——人们很少明确地认识到这一点。刑法基本原则虽然可以用来指代刑法理论基本原则，但现实中却往往是就特定国家的刑法体系而言的，由于不同国家赋予刑法的使命存在重大不同，这自然使对刑法基本原则的理解存在不同。相对而言，刑法理论的基本原则是合乎理性的刑法必然具有、必然遵循的基本原则。就普遍意义上的刑法理论而言，刑法理论基本原则构成了整个刑法理论体系的基础。考虑到在传统刑法理论中人们往往以刑法基本原则意指刑法理论基本原则，考虑到二者之间存在的显著差异，着眼于刑法理论必然具有的逻辑严密性，特别指明这里所探讨的是刑法理论基本原则是有必要的，也仅在这一意义上我们才能赋予刑法理论基本原则以确定的内涵。

三、刑法理论的基本原则是理应存在的

在刑法理论中是否存在刑法理论基本原则，考虑到很多学者在刑法理论中无视刑法基本原则，考虑到学者对刑法基本原则的认知存在巨大的差异，这是探讨刑法理论基本原则首先需要解决的问题。

犯罪行为总是内含意志和理性的，虽然我们不可能确定犯罪行为内含意志产生的原因，但犯罪行为本身却是在自然意义上建立在理性基础之上的，是理应合乎理性而有利于行为人自身利益实现的。这决定了我们对罪刑关系的处理能够也理应是合乎理性且建立在理性基础之上的，决定了我们着眼于对犯罪行为的理解，即在犯罪概念的基础上，能够合乎理性地建构起处理罪刑关系的刑罚报应理论（这在前面业已完成），在理论上确立起处理罪刑关系的基本原则。由于犯罪在刑法理论体系中具有的核心地位，上述基本原则自然也就成了刑法理论的基本原则，而在与其他条件相结合确立起其他较为具体的原则、规则时，体系完整的刑法理论就能够建构起来了，正如基于直线、三角形、圆等概念内含着诸多的几何公理，基

于这些几何公理和具体条件设定，我们可以确定其他几何定理，进而建构起完整的几何学理论体系一样。尽管这样一个刑法学理论体系远未成为现实，而考虑到人的理性有限性，刑法理论体系即使建构完成也远非如几何学那样是一个在直观上逻辑严密的体系，但这并不妨碍我们以此作为奋斗目标。

四、刑法理论基本原则的确定

前文对刑法理论基本原则何以是理应存在的探讨，证明了刑法理论基本原则存在的必然性和合理性，但就刑法理论基本原则的确定而言，同样重要的在于犯罪概念，在于我们对犯罪行为的理解。如此，就刑法理论基本原则的确定而言，我们仍然有两个方面的问题需要解决：一是作为刑法理论基本原则应该符合的标准是什么；二是着眼于对犯罪的理解，即基于犯罪概念，确定刑法理论基本原则究竟有哪些。

（一）作为刑法理论基本原则应该符合的标准

在传统刑法理论中，人们之所以对刑法基本原则存在认知上的混乱，一个重要的原因在于，人们对刑法基本原则应该符合的标准究竟为何没有清楚的认知。

原则在英语中为 principle，而英语中的 principle 则兼有原则、原理之意。同时考虑到，在中文中，"原"具有最初的、开始的之意；原则指说话或行事所依据的法则或标准；原理指具有普遍性的、最基本的、可以作为其他规律的基础的规律。[1]由此，笔者认为，下列推理是能够成立的：在刑法理论体系中明显的是，原则是规则（或法则）的一种，内在地包含了人们行为的规律；原则总是相对于其他规则而言的，当一个规则是产生其他规则的基础时，这一规则就可以被称为原则。所谓的刑法理论基本原则，意指在刑法理论体系中直接建基于犯罪概念，从而成为建构其他刑法

---

〔1〕 中国社会科学院语言研究所词典编辑室编：《现代汉语词典》（第 5 版），商务印书馆 2005 年版，第 1674～1676 页。

规则、刑法理论规则的基础的规则。

着眼于我们对刑法理论基本原则的上述理解，从另一角度看是着眼于刑法理论基本原则的上述定义，我们不难理解作为刑法理论基本原则应该符合的两个标准：一方面，刑法理论基本原则直接建基于犯罪概念，即直接建基于、产生于我们对犯罪行为的理解；另一方面，刑法理论基本原则是建构、产生其他刑法原则或规则的基础，而其本身则不以其他刑法规则为基础。

（二）基于犯罪概念对刑法理论基本原则的确定

在前文我们曾对犯罪概念作出如下定义：在受到或理应受到社会理性法则影响支配的情势下，对于违背平等原则、恶意损害他人利益的行为，在社会理性不能有效调整行为双方间社会关系的程度和意义上，行为应被视为犯罪行为；对于犯罪行为，应依平等原则对犯罪人施加刑罚。在上述犯罪概念中，即在我们对犯罪行为的理解中，内含着我们对诸多刑法理论的认知，内在地决定了我们能够确定的刑法理论的两项基本原则：一是罪刑相当原则，二是适用刑罚宽仁原则。前者建基于犯罪行为理应具有的工具理性属性，后者建基于犯罪行为在本质意义上具有的非理性属性。

1. 罪刑相当原则

刑法理论的这一基本原则建基于犯罪行为理应具有的工具理性属性。现实犯罪行为理应是犯罪人着眼于特定情势、为实现自身利益而有意实施的行为，这使得合乎工具理性是犯罪行为理应具有的属性。尽管犯罪行为是有害于社会而违背社会理性法则的，但从犯罪行为工具理性的内在逻辑来看，犯罪行为却理应是合乎犯罪人行为目的，有利于实现自身利益的。正是由于犯罪行为具有工具理性属性，在根据平等原则依罪刑相当原则对犯罪人适用刑罚时，在社会理性有效支配的程度和意义上使犯罪成为非理性的，就在社会理性有效影响支配的程度和意义上抑制或排除了犯罪的发生。

前文建构的新刑罚报应理论既证明了罪刑相当原则这一刑法理论基本原则具有的正当性，也很好地阐释了这一刑法理论基本原则具有的内容；

同时考虑到这一刑法理论基本原则得到了人们的普遍承认，我们在此不对这一刑法理论基本原则展开论述，虽然由于刑罚理论认知上存在的差异，人们对这一基本原则的内涵存在不同认知。

2. 适用刑罚宽仁原则

"你们当说'傻瓜'而不说'罪人'"，[1]尼采的这一名言鲜明地揭示了何以应该对犯罪人采取悲悯的态度，能够使我们深刻地感受到适用刑罚宽仁原则具有的正当性。但要确立这一原则作为刑法理论基本原则的地位，我们仍有必要着眼于犯罪行为的非理性属性加以推证。

（1）适用刑罚宽仁原则的推证。

适用刑罚宽仁原则作为刑法理论基本原则建基在犯罪行为在本质意义上具有的非理性属性基础之上。所有犯罪行为都是社会理性失败的产物，这决定了犯罪行为现实发生的理性逻辑基础只能是错误——英国哲学家霍布斯很早就认识到了这一点，他认为："一切罪行都是来源于理解上的某些缺陷，推理上的某些错误或是某种感情爆发。"[2]犯罪的发生即意味着也无可怀疑地证明了犯罪人与被害人间没有合乎社会理性法则地处理相互之间的关系，犯罪是且只能是社会理性失败的产物；进而，犯罪现实发生的理性逻辑基础只能是错误。在现实上，导致犯罪现实发生的理性错误既可能在犯罪人，也可能在被害人，也可能双方在理性逻辑上均存在错误，错误究竟何在往往是人们无法确证的。缘于理性有限性，我们不可能真正理解并确定犯罪人与被害人间的关系究竟应该为何（而不仅仅是基于人的理性属性或社会理性法则二者间的关系应该为何），也就不可能在绝对意义上否定客观现实的犯罪行为可能具有的正当性——在犯罪情势处于自然状态的程度和意义上，犯罪是正当的，至少在自然意义上是正当的。

正是因为犯罪行为的理性逻辑基础是错误，导致犯罪现实发生的理性错误可能在犯罪人，也可能在被害人，错误究竟何在往往是人们无法确证

---

〔1〕 ［德］尼采：《查拉图斯特拉如是说》，孙周兴译，商务印书馆 2010 年版，第 51 页。
〔2〕 ［英］霍布斯：《利维坦》，黎思复、黎廷弼译，商务印书馆 1985 年版，第 227~228 页。

的——着眼于导致犯罪行为发生的理性逻辑前提是错误，考虑到人的理性有限性，从另一角度看是考虑到现实的复杂性，我们应该体恤犯罪人不可避免地会存在的理性缺陷及其在犯罪行为上存在的错误（如果存在的话）。这里的体恤表现在刑罚适用上就是要宽仁地对犯罪人适用刑罚，刑罚适用必须内含着对犯罪人本性善良的推定及犯罪人作为人而理应受到的尊重。对于犯罪人，唯有善良才是合乎人必然具有的社会属性的，这是推定犯罪人本性善良的现实基础。而对于犯罪行为，我们有必要认识到，人性自身即便不从天生的恶念中也会从无知、愚蠢、恐惧、误传、笨拙中酿出罪恶来。[1] 在这里，宽仁地对待犯罪人不是建立在理性逻辑基础之上的，而是就犯罪人不可避免地具有的理性缺陷所采取的现实选择——从另一角度看，这证明了在一般社会条件下对犯罪人的威慑性刑罚适用不具有正当性（不否认在特殊的社会混乱时期威慑性刑罚适用所具有的正当性）。

　　刑罚适用需要遵从一定的原则、规则，这总是在犯罪情势、犯罪行为受到或理应受到社会理性影响支配的程度和意义上而言的，并以之为前提。在犯罪情势处于自然状态的程度和意义上，犯罪行为的发生是自然的，也是正当的，没有什么值得谴责之处，无需适用刑罚，也不存在适用刑罚需要遵从的原则，自然也不存在需要宽仁适用刑罚的问题。而在犯罪情势受到社会理性有效影响支配的程度和意义上，没有人不希望自己能够积极地参与社会生活和社会合作，没有人愿意，更没有人蓄意与社会、与他人为敌，犯罪行为明显是理性有限性的产物，其在本质意义上就是违背人在本质意义上必然具有的社会理性属性的。因而，犯罪人理应是一个值得悲悯的对象，尽管现实中犯罪人总是作为值得仇恨的对象呈现出来的，人们也往往对犯罪人充满了愤怒和仇恨。在犯罪受到社会理性影响支配的程度和意义上，在导致犯罪发生的理性错误在犯罪人时，由于没有人能够有意犯错误，犯罪也就在很大程度上只能是特定情境的产物，犯罪的发生

---

　　[1]　[美] 亚伯拉罕·马斯洛：《动机与人格》（第3版），许金声等译，中国人民大学出版社2007年版，第134页。

就不可能完全是意志支配下合乎理性的产物，宽仁地适用刑罚是应该的。而在导致犯罪发生的错误在被害人时（被害人的错误往往难以确证），惩处犯罪人的必要性更是应该大打折扣，不对犯罪人适用刑罚，或者宽仁地对犯罪人适用刑罚是必要的。事实上，对于犯罪行为，我们有必要认识到，人性自身即便不从天生的恶念中也会从无知、愚蠢、恐惧、误传、笨拙中酿出罪恶来。[1]我们虽然有足够的事实把大量所谓的邪恶归咎于身体上的疾病和人格上的缺陷，归咎于人的无知和愚蠢，归咎于人的不成熟，归咎于糟糕的社会和社会组织机制，但是我们却没有足够的事实来肯定到底有多少邪恶可以归因到这些因素上去。[2]这正是需要宽仁地对犯罪人适用刑罚的现实根据所在。

（2）如何理解适用刑罚宽仁原则？

理解适用刑罚宽仁原则，就是理解该原则在处理罪刑关系中具有的意义，其核心则涉及这一原则与罪刑相当原则之间的关系。

在新刑罚报应理论范围内，适用刑罚宽仁原则要求在对犯罪行为依罪刑相当原则适用刑罚、满足报应需要的基础上，对犯罪的刑罚适用应合乎功利原则，重要表现形式就是以民事责任替代刑事责任的承担，避免造成不必要的伤害，避免刑罚的过度适用。这是着眼于社会理性对犯罪行为的影响支配能力、基于理性而应该采取的态度，从而能够确立功利原则在罪刑关系处理中具有的地位。

而在新刑罚报应理论适用范围之外，即在理性支配的罪刑关系之外，适用刑罚宽仁原则也可以为我们的司法实践提供理论根据。这在三个方面有鲜明表现。一是对未成年、老年人犯罪的量刑提供理论根据，考虑到他们的犯罪行为很大程度上建立在错误的基础上，我们能够对其从轻、减轻适用刑罚，在特殊情况下甚至可以对其免除刑罚，即使对犯罪造成的损害

---

〔1〕［美］亚伯拉罕·马斯洛：《动机与人格》（第3版），许金声等译，中国人民大学出版社2007年版，第134页。

〔2〕［美］亚伯拉罕·马斯洛：《动机与人格》（第3版），许金声等译，中国人民大学出版社2007年版，第104页。

没有进行有效的民事损害赔偿。二是对于刑罚执行中的减刑、假释提供理论根据，在犯罪人服刑一段时间之后，如果犯罪人确有悔改表现，即在认知、行事方式等人格特征上存在较大转变，依据适用刑罚宽仁原则，就可以进行减刑、假释。三是为缓刑适用提供理论根据，根据法律规定、依刑罚理论量定的刑罚，在适用缓刑时，实际上并没有执行刑罚，如果说量刑合乎刑罚理论的话，刑罚在实际上没有执行无疑只能是违背罪刑相当理论的，但刑罚适用宽仁原则则为缓刑的适用提供了理论根据。

（三）罪刑法定原则何以不是刑法理论的基本原则

罪刑法定原则作为启蒙思想的产物，自从被法国大革命时期颁布的法律文献确立以来，逐渐在世界文明国家的刑法体系中占据了重要地位，在绝大多数刑法学者的理论书籍中被认作刑法基本原则时（有部分学者仅将其作为解决刑法渊源问题的基本原则），何以笔者不将其作为刑法理论的基本原则呢？理解这一点，我们有必要看到刑法基本原则与刑法理论基本原则之间的区别。

就现状而言，学者笔下的刑法理论往往是与特定国家刑事立法紧密相关的，这使得刑法基本原则往往都是在特定国家刑法背景之下被视为刑法理论基本原则的，刑法基本原则事实上往往被理解为具体刑法体系的基本原则，在这种意义上，其与刑法理论的基本原则是存在重要区别的。在具体的刑法体系中，依立法者刑事立法的目的，考虑到国家的法制传统，固然可以将特定的规则作为基本原则赋予其重要的法律地位，从而构成该具体刑法的基本原则。但这种意义的刑法基本原则与刑法理论的基本原则是存在根本不同的。作为刑法理论的基本原则，是直接建立在犯罪行为具有的本质属性之上的，其是作为刑法理论中的基本原理存在的，从而构成具体刑法规则和具体理论规则的基础。刑法理论的基本原则能够作为基本原理确立，绝不可能取决于具体的法律规定，而只能建立在理性的逻辑基础上，其不仅在特定的刑法体系中是有效的，而且在任何以理性为基础现代、前现代的刑法体系中，在任何以理性为基础的罪刑关系处理中，都是必然得到体现和遵循的。就此而言，罪刑相当原则、刑罚适用宽仁原则作为刑法理论基本原则都是不存在问题的。相较而言，罪刑法定原则却是明显无法做到这一点，其仅仅在现代化了的刑法中被奉为基本原则。

（四）刑法面前人人平等原则何以不是刑法理论基本原则

法律必然是建立在理性基础之上的，而理性自然是要求平等的，这使得法律面前人人平等、刑法面前人人平等必然都是能够成立的，前者在整个法律理论和法律体系中，后者在整个刑法理论或特定刑法体系中都应该是具有重要的全局性指导意义的。尽管如此，考虑到法律面前人人平等原则明显是完全可以包含刑法面前人人平等原则的，即基于法律面前人人平等，无需其他条件就可以推证刑法面前人人平等；考虑到科学的任务就是以尽可能简单的方式描述要素的相互依存，着眼于理论必然具有的简约性或者是经济性，[1]刑法面前人人平等原则在刑法理论体系中就是明显不必要的了，理应将其排除在刑法理论体系之外。虽然其仍可以在特定刑法体系中作为刑法基本原则而具有重要地位——这不是基于理论上的必要，而更多的是着眼于现实的需要，着眼于历史上严重的违背平等原则的法制传统。

由于刑法理论基本原则在刑法理论规则体系中居于基础地位，其基于犯罪概念的确证，就为普遍意义上的刑法理论体系的建构奠定了坚实的基础。

---

〔1〕 〔德〕M. 石里克：《普通认识论》，李步楼译，商务印书馆 2005 年版，第 248~249 页。

第六章　刑事责任释明与传统刑法责任理论批判

——兼论结果责任的存在根据与范围

推证思路： 在前述阐明的犯罪概念、新刑罚报应理论及现实适用原理的基础上，释明刑事责任理论，证明结果责任作为承担刑事责任根据的正当性、合理性；而对传统刑法"责任"理论的批判，则意在指出传统刑法"责任"理论的不足，借以更好地理解新犯罪概念、刑罚报应理论下的刑事责任理论的科学性和合理性。

责任总是建基在行为基础之上，在人具有行为能力时，无论行为是故意实施的抑或过失的产物，无论是具有积极社会意义的行为，抑或是产生消极社会意义的行为，行为人承受行为结果，即对自己行为承担责任都是自然的。尽管在责任方式上可能存在不同，可以存在刑事责任、民事责任抑或其他责任的不同，行为却没有责任，不承担行为结果是绝不应该发生的（虽然我们不能在现实上绝对排除不承担责任情况的发生）。

刑事责任是犯罪人就其犯罪行为所承担的行为责任，在逻辑上总是作为犯罪行为结果存在的，其理解自然是与人们的犯罪观念和罪刑关系理论紧密联系在一起的。由于对犯罪行为的理解不同于传统刑法理论，新犯罪概念、刑罚报应理论下的刑事责任理论自然是迥异于传统刑法刑事责任理论的。考虑到刑事责任问题在刑法理论和实践中具有的重要意义，考虑到刑事责任问题在传统刑法理论中存在的巨大争议，进一步系统地释明新犯罪概念和刑罚报应理论下的刑事责任，并对传统刑法责任理论进行批判是必要的。

一、新犯罪概念和罪刑关系理论下刑事责任理论的内容

刑事责任作为犯罪人就其行为承担的责任，作为犯罪行为的必然结果，其意义需要藉由新犯罪概念、刑罚报应理论及其现实适用原理从不同侧面来加以说明。

（一）犯罪概念内含着行为是否应承担刑事责任的标准

刑事责任是犯罪行为的必然结果，自然地，在理论上、逻辑上及本质意义上揭示犯罪行为特征的新犯罪概念内含着行为人对其行为是否应承担刑事责任的标准。如前所述，新犯罪概念下的犯罪行为是指：在受到或理应受到社会理性法则影响支配的情势下，就违背平等原则、恶意损害他人利益的行为而言，在社会理性不能有效调整行为双方间社会关系的意义上，行为应被视为犯罪行为；对于犯罪行为，应依平等原则对犯罪人施加刑罚。在这一犯罪概念之下，就发生于受到或理应受到社会理性法则影响支配情势下的行为而言，追究行为人刑事责任需要符合三项标准。一是自然层面、客观现实层面的标准，行为给他人或社会造成了现实损害，这里的现实损害可以是客观损害，也可以是虽然没有产生客观现实损害，但却是根据理性规则可以预见的损害；这一标准将有害于社会的行为与有益于社会的行为区别开来。二是社会伦理层面上的标准，作为犯罪行为的行为应是违背平等原则、恶意损害他人利益的，即其内含行为准则是违背建基于平等原则基础的社会理性法则的——这一标准着眼于内含行为准则，在伦理意义上将犯罪行为与民事违法行为、意外事件区别开来，进而作为行为结果，也在伦理意义上将刑事责任与民事责任区别开来。三是社会现实必要性标准，这是功利意义上的标准，即出于功利、着眼于复杂的社会现实而应予遵循的标准，就行为造成的损害，现实社会理性不能有效调整行为双方间社会关系，从而在现实意义上有将行为视为犯罪行为追究刑事责

任的必要——这一标准考虑到复杂的社会现实以及人的理性有限性，是实践中着眼于现实将犯罪行为与民事违法行为区别开来的现实标准，从而也是现实地确定行为结果是刑事责任抑或民事责任的标准。在这一标准之下，主要是出于功利考虑，对于合乎第一项、第二项标准的行为，即违背平等原则、恶意地损害了他人或社会利益的行为，在社会理性法则能够藉由民事责任有效地就行为造成的损害调整行为各方利益关系的情况下，无需将相关行为作为犯罪追究刑事责任，仅在依社会理性法则难以就行为造成的损害有效调整行为各方利益关系的情况下才将行为作为犯罪追究刑事责任。

在追究刑事责任应符合的前述三项标准中，第二项伦理意义上的标准，即作为犯罪行为的"行为必须是违背平等原则、恶意损害他人利益的"在我们理解行为人是否应对其行为承担刑事责任上具有至关重要的意义，是理解刑事责任理论的关键。其原因在于，这一标准着眼于社会伦理以及行为内含的行为准则，既从伦理形式上清晰地将犯罪行为与民事行为区别开来，也清晰地将刑事责任与民事责任区别开来。在社会共同体范围内，无论是民事合法行为，抑或民事违法行为，都应建基在社会理性与平等原则基础之上，从逻辑上说，这使社会理性能够有效调整行为双方间的社会关系。就民事合法行为来说，作为行为理应存在的样态，其内含的行为准则总是一方面体现为合乎自然法则，另一方面体现为合乎社会理性法则，总是体现为自然法则与社会理性法则的内在统一，体现为社会理性法则对自然法则的支配——这是理性行为理应呈现出来的样态。而就民事违法行为而言，虽然民事违法行为在现实上可能给他人造成损害，甚至是极为严重的损害，但由于行为双方间的社会关系建基于或被推定建基在平等原则之上，上述损害风险作为行为的一部分是为社会、为行为双方所接受或理应接受的。从逻辑上说，社会理性能够在其能力范围内藉由影响支配自然法则服务于社会共同体的生存发展利益，社会理性法则自然也就理应能够藉由分配行为产生损害的风险有效地调整行为双方间的社会关系：即使产生了损害，甚至是巨大的损害，它也是因人的理性有限性而理应予以接受、容忍的。

与上述民事行为形成鲜明对照的是，犯罪行为的现实发生总是意味着社会理性的失败，标志着现实支配犯罪人与被害人关系的是自然法则，而非理应支配二者间关系的社会理性法则，标志着以犯罪行为违背平等原则的内含行为准则形式呈现出来的自然法则与社会理性法则之间存在不可调和的冲突。对于这一冲突，现实理性并不具有完全合乎理性的解决能力：这或者是因为人们不能认识导致犯罪的错误而使社会理性法则不可能有效调整行为相关方间利益关系；或者是作为社会理性法则基础的平等原则明显不能反映客观的社会现实，不能客观反映人们之间不可避免地会存在的差异，从而在这一冲突中，社会理性法则对自然法则并不当然具有正当性而居于支配地位，支配行为的自然法则及其所体现的行为人利益的正当性不容绝对否认。考虑到社会现实复杂性以及人的理性有限性，现实理性、社会理性基于逻辑不可能具有有效的解决前述冲突的能力是自然的。这进而决定了，就犯罪行为呈现的社会冲突，人们只能在相对合乎理性的意义上加以解决，既对犯罪人施加刑事责任，也相应地由被害人承担犯罪造成的损害，使行为双方分别承担理性处理相互间关系的责任。这就不仅将犯罪行为与民事行为区别开来，也将刑事责任与民事责任区别开来了。

值得注意的是，现实行为是否内含恶意，其内含行为准则是否违背平等原则，这些在实践中总是需要基于证据来加以判定或推定的。在复杂的现实社会情势下，有时会出现难以准确认定行为是否内含恶意及其遵循行为准则的情形，会出现虽然不能够确定行为是合乎第二项标准的，但却有理由相信行为可能是合乎第二项标准行为的情形。在这种情形下，如果认为民事行为法则不能有效调整行为相关各方间社会关系，就有必要将行为作为犯罪行为追究刑事责任，严格责任就是这一情形的典型。

（二）新刑罚报应理论确定了刑事责任合乎正义的标准

基于犯罪行为理应具有或必然具有的属性，形而上学意义上的新刑罚报应理论不仅在罪刑之间、在质量两方面建立起了明确清晰的因果意义上的必然联系，使我们对作为犯罪行为结果的刑事责任的认知和理解成为清楚明白的了，而且明确了被害人就犯罪行为应该承担的责任（这事实上是被害人就理性处理与犯罪人间的社会关系作为社会成员应该承担的责任）。如前所述，在新刑罚报应理论之下，发生于受到或理应受到社会理性法则影响支配情势之下的犯罪行为，总是内含工具理性属性，并因不同程度受到社会理性影响支配而具有社会理性属性，体现出犯罪情势总是在不同程度和意义上处于自然状态，并在相对程度和意义上处于理想完美社会状态，体现出犯罪人与被害人间在犯罪所涉利益上存在的对立统一关系。对于犯罪行为造成的损害，新刑罚报应理论在观念上将其分为两个互补的部分：犯罪行为在犯罪情势处于自然状态的程度和意义上造成的损害，及犯罪行为在犯罪情势处于理想完美社会状态的程度和意义上造成的损害。相应地，就犯罪行为造成的前述两部分损害，在理性范围内，依据平等原则，在互补的意义上存在刑事责任和民事责任的对立：就犯罪行为在犯罪情势处于自然状态的程度和意义上产生的损害，藉由刑罚报应、依据平等原则追究犯罪人刑事责任，犯罪行为产生的此部分损害由被害人（包括社会或国家）自行承担；而对于犯罪行为在受到社会理性有效支配的程度和意义上（犯罪情势在相应程度和意义上处于理想完美社会状态）造成的损害，犯罪人虽然仍应承担刑事责任，但考虑到造成该部分损害的犯罪行为在该种程度和意义上受到社会理性的有效支配，从功利角度看，这一部分损害的刑事责任却是能够也理应由民事责任加以替代的，从而成为犯罪人承担民事责任的根据。正是在这一意义上，犯罪行为民事责任与刑事责任是在互补意义上存在的，并且在本质意义上，犯罪行为民事责任是部分刑事责任的替代责任。

（三）刑罚适用原理——如何使刑事责任现实地合乎理性

由于社会现实的复杂性、人的理性有限性，由于犯罪过程中不可避免地会伴随着的偶然性，如何将形而上学意义上的新刑罚报应理论适用于现实犯罪行为，在有限理性基础上即合乎理性，也合乎现实地确定犯罪人的刑事责任，是广义刑罚理论理应包含的内容，自然也是刑事责任理论的重要组成部分，这涉及两个方面的问题：

第一，着眼于现实理解、认定犯罪行为的工具理性属性和社会理性属性，理解犯罪人与被害人间的社会关系在何种程度和意义上处于自然状态，而在相对程度和意义上处于理想完美的社会状态，借以确定犯罪人与被害人或国家间在犯罪所涉利益上存在的对立统一关系。犯罪行为内含工具理性属性体现犯罪人与被害人间在犯罪所涉利益上的对立关系，其判定有赖于对犯罪行为合乎工具理性的推定。在有可靠证据显示推定错误时，可排除前述推定；而体现社会理性对犯罪行为影响支配能力、彰显犯罪人与被害人在犯罪行为所涉利益上存在统一性的社会理性属性，其认定则有赖于可靠证据的支持。无论是犯罪行为工具理性属性抑或社会理性属性，其认定都涉及多方面的因素，但其中犯罪人主观方面特征无疑在其中具有最为重要的意义。

第二，着眼于犯罪行为造成或可能造成的损害，基于犯罪行为具有的理性属性及其所体现犯罪人与被害人或社会之间在犯罪所涉利益上存在的对立统一关系，即合乎理性，也合乎现实地确定具体犯罪行为的罪刑关系。在犯罪行为理性属性能够在逻辑上涵括犯罪行为产生的客观损害的情况下，我们不难依照新刑罚报应理论藉由逻辑推理确定犯罪人应该承担的刑事责任，无需特别考虑偶然性因素在刑事责任、罪刑关系中具有的意义。在罪刑关系处理中成为问题而需要特别考虑偶然性因素意义的犯罪行为，是其理性属性在逻辑上不能涵括犯罪结果的犯罪行为，即因偶然因素影响而使犯罪结果显著不同于犯罪目的的故意犯罪行为。

确定因偶然因素影响而使犯罪结果显著不同于犯罪目的的犯罪行为刑事责任，首先应看到犯罪行为理性属性在确定罪刑关系中具有的意义，理解犯罪人与被害人间的社会关系在何种程度和意义上处于自然状态，而在相对应程度和意义上处于理想完美的社会状态，理解犯罪人与被害人或社会间在犯罪所涉利益上存在的对立统一关系。其次，要看到现实的犯罪结果究竟为何，犯罪行为是否以及在何种程度和意义上现实地损害或改变了理应存在于犯罪人与被害人间的平等关系，犯罪结果与犯罪行为意欲实现的目的之间有何区别。最后，着眼于犯罪行为造成或可能造成的损害，基于犯罪人与被害人或社会之间在现实利益上存在的对立统一关系，依据新刑罚报应理论确定应该适用的刑罚——这内在地包含了对犯罪行为所产生损害的分配，借以在犯罪行为内在理性逻辑上排除其现实存在的理性根据，使犯罪行为在社会理性影响支配的范围内，在自然演化意义上成为非理性的、无助于犯罪人利益实现的，以实现对刑罚正义的追求。

二、刑事责任的本质及其鲜明特征

（一）刑事责任的本质

刑事责任的本质是人们在刑法理论上赋予刑事责任的意义。着眼于前述的刑事责任内容，在新犯罪概念和刑罚报应理论之下，刑事责任作为犯罪行为结果，在本质意义上是犯罪人作为社会主体就其犯罪行为依照平等原则应该承担的社会责任。在此，使犯罪人承担刑事责任，并不是为了功利地维护现实的社会秩序，而是藉由对社会正义的追求，在社会理性影响支配范围内确立、维护社会成员彼此之间理应存在的平等关系。这一关系构成了社会生活的理性基础，以期促使社会成员在平等基础之上现实地建构起合乎社会理性法则的社会关系。为了维护社会生活的理性基础，新刑罚报应理论在给犯罪人施加刑事责任的同时，也藉由要求被害人、社会承受犯罪造成的损害结果，使之承担了合乎理性地处理与犯罪人间社会关系的责任。对刑事责任本质的前述认识与传统的刑事责任理论存在根本性差异，使新犯罪概念和刑罚报应理论下的刑事责任呈现出诸多鲜明特征。

（二）刑事责任在本质意义上具有的鲜明特征

为了更深刻地说明刑事责任，有助于其现实适用，探讨刑事责任在本质意义上具有的特征是必要的。刑事责任在本质意义上具有的特征，不同于我国传统刑法理论中着眼于刑事责任的外在客观表现所表述的特征（一般认为这些特征包括：是刑事法律规定的一种负担，是因实施犯罪行为而产生的，以刑事惩罚或单纯否定性法律评价为内容，只能由犯罪人来承担，由代表国家的司法机关强制犯罪人承担[1]），后者与刑事责任通常也有紧密联系，但却很难有助于我们对刑事责任本质的理解。

就全面理解新犯罪概念和刑罚报应理论下的刑事责任而言，在刑事责任实现了功利与报应的统一，是犯罪人就其犯罪行为承担的在本质意义上不同于民事责任的法律后果，其在本质意义上具有的下述鲜明特征值得给予特别关注。

1. 犯罪行为刑事责任与民事责任是在互补意义上存在的

在新犯罪概念和刑罚报应理论之下，将犯罪行为刑事责任与民事责任确立为互补意义上的存在，这就将其与传统刑法刑事责任理论在根本意义上区别开来：传统刑法刑事责任理论将犯罪刑事责任与民事责任作为并列意义上的存在。如根据意大利刑法，在犯罪行为同时也是民事违法行为的情况下，"犯罪人"和其他"根据民法规范应当对该行为负责的人"，都必须根据民法规范承担恢复（及赔偿）的义务（《刑法典》第 185 条第 2 款），第 198 条明确规定"因犯罪而生的民事义务并不因犯罪与刑罚的消除而消除"。[2]

在互补意义上存在的刑事责任、民事责任在现实中可以有三种不同的表现方式。一是完全补偿犯罪造成的损害，同时追究犯罪人应该承担的刑事责任，部分交通肇事犯罪是其典型，而在有确实证据证明被害人没有任何不当行为，且没有不合理地将自身置于易受侵害的情势之下时（这种情势在较小程度上处于自然状态而较大程度上受到社会理性的影响支配），也可按这一方式确定犯罪行为的民事责任和刑事责任，如在我国因民间纠纷引发的部分故意伤害犯罪。二是仅对较小部分的犯罪损害承担赔偿责任，或对犯罪人判处罚金（在新刑罚报应理论中，罚金是民事责任的承担方式），同时从轻对犯罪人施加刑罚，实践中较多地表现为此种方式。三

---

〔1〕 高铭暄、马克昌主编：《刑法学》（第 8 版），北京大学出版社、高等教育出版社 2017 年版，第 201~203 页。

〔2〕 ［意］杜里奥·帕多瓦尼：《意大利刑法学原理》（注评版），陈忠林译评，中国人民大学出版社 2004 年版，第 353 页。

是仅基于平等原则单纯地对犯罪人追究刑事责任，不使犯罪人承担民事责任，这是实践中对合乎理性地对犯罪人现实适用死刑时理应呈现出来的方式。

2. 刑事责任只能在相对合乎理性意义上实现刑罚正义

在新犯罪概念和刑罚报应理论之下，刑事责任仅具有有限的理性基础，只能在相对意义上合乎理性地实现对刑罚正义的追求。犯罪行为总是内含理性的，作为犯罪行为结果的刑事责任自然也理应合乎理性并建基于理性，但由于其仅具有有限的理性基础，其只能是在相对意义上合乎理性的。这主要有两方面的原因。一是犯罪行为作为社会理性失败的产物只能建基于错误基础，而错误究竟应该归属犯罪人抑或被害人，这往往是人的有限理性无法确知的，这在理性逻辑上就决定了人们不具有完全合乎理性地有效调整犯罪人与被害人或社会间社会关系的能力，只能在相对合乎理性意义上调整犯罪人与被害人或社会之间的社会关系。正是这一点使民事责任与刑事责任在本质意义上区别开来：至少在逻辑上，民事责任能够合乎社会理性地有效调整行为双方间的社会关系。二是由于现实复杂性及人的理性有限性，犯罪过程中总是会涉及诸多偶然性因素，人们对犯罪行为的现实认知只能是有限的，这决定了虽然我们能够基于犯罪行为具有的理性属性、着眼于犯罪事实依据新刑罚报应理论就罪刑关系与刑事责任进行逻辑推理，但我们却不可能完全合乎理性地藉由逻辑推理确定犯罪人应该承担的刑事责任，不得不着眼于现实，即合乎理性，也合乎现实地确定犯罪人应该承担的刑事责任，调整犯罪人与被害人或社会间的社会关系。

在相对合乎理性的意义上，犯罪人作为社会成员承担了自身应该承担的刑事责任，就是在理性范围内对刑罚正义的实现，即使犯罪人因意外原因承担了其本不应承担的责任也是如此。

3. 刑事责任的现实适用必须具有确实的理性根据

尽管犯罪行为仅具有有限的理性基础，刑事责任不可能在绝对意义上建基于理性，但刑事责任的现实适用却必须是限于理性范围之内、具有确实理性根据的。这主要体现在以下几点：其一，在理论上，刑事责任只能存在于社会理性的影响支配能力范围之内，我们只能对发生于受到或理应受到社会理性法则影响支配情势下的犯罪行为追究刑事责任，在人们没有认识到，进而也不期望社会理性法则现实地影响支配人们之间的社会关系的情势下，即在单纯的自然状态下，自然不应存在对刑事责任的追究——在这种情况下假借刑事责任之名进行的惩罚是压迫性的威慑，而并非真正意义上的刑事责任，在现实上往往只能是有害于社会整体利益的。其二，现实追究犯罪行为刑事责任，必须有确实的事实根据，必须在排除合理怀疑意义上对犯罪行为给予确实可靠的证明。其三，在量的意义上确定具体犯罪行为的刑事责任，不仅应该有确实可靠的主观方面的适用根据，而且应该有确实可靠的客观方面的适用根据，既要反对缺乏主观根据的刑罚适用，也要反对缺乏客观根据的刑罚适用。

4. 自然法则能够限制刑事责任调整社会关系的能力和空间

在社会范围内，行为合乎理性总是意味着既合乎社会理性法则，也合乎自然法则，内含着社会理性法则与自然法则的内在一致。在理性范围内，社会理性法则虽然在理性逻辑上对自然法则居于支配地位；但在复杂的社会现实中，受理性有限性影响，社会理性法则的支配地位并不具有绝对性，自然法则能够影响限制社会理性法则在现实社会生活中具有的意义并限制其影响支配能力是自然的。明显的是，相较而言，与一般社会关系相比，母子之间、亲属之间社会关系在较低程度上受到社会理性法则支配，却在更大程度上受自然法则支配。进而，我们也就不难理解，自然法则何以能够影响限制刑事责任在现实社会生活中具有的意义，能够限制刑事责任调整社会关系的能力和发挥作用的空间，进而能够影响刑事责任的现实确定。如此也就不难理解，何以对亲属实施的盗窃犯罪应该从轻适用刑罚：受自然法则影响，亲属间总是具有较为密切的现实社会关系，在更大程度上存在共同利益，在更大程度和意义上支配亲属间社会关系的自然法则能够限制社会理性法则对亲属间社会关系的影响支配能力，自然也就能够减轻犯罪人应该承担的刑事责任。

自然法则对刑事责任调整社会关系能力和发挥作用空间的限制在现实

中有多方面的体现。我国《刑法》就包含了诸多的相关规定，如第17条之一对老年人犯罪刑事责任的规定："已满七十五周岁的人故意犯罪的，可以从轻或减轻处罚；过失犯罪的，应当从轻或者减轻处罚。"第18条第3款关于精神病人刑事责任的规定："尚未完全丧失辨认或者控制自己行为能力的精神病人犯罪的，应当负刑事责任，但是可以从轻或者减轻处罚。"此外，在许多现实发生的案件中，如果我们能够有确实的信心认为自然法则限制了社会理性法则调整社会关系的能力，那么自然也理应能够影响刑事责任的适用，这可由下述事例说明：在犯罪人的击打行为造成20岁的被害人死亡，死亡的重要原因是被害人脑血管动脉硬化时，刑事责任的确定受到自然法则限制是自然的。

5. 重视自然法则在刑事责任中具有的意义

传统的刑事责任理论主要着眼于社会理性法则，即着眼于道义伦理来探讨犯罪的刑事责任问题，虽然其在考虑犯罪社会危害性、确定刑罚的现实适用时也不得不考虑自然法则具有的意义，但自然法则并没有作为一个单独的重要问题被给予应有的重视。与之形成鲜明对比的是，新犯罪概念和刑罚报应理论下的刑事责任理论，不否认以行为内含行为准则形式呈现出来的自然法则在支配现实社会关系中可能具有的正当性，并在此基础上，在犯罪人刑事责任确定中，赋予了自然法则更为重要的意义。这主要有三个方面的重要体现：

第一，在单纯自然状态下，自然法则可以正当地表现为影响支配现实社会关系的行为准则，而现实犯罪行为发生情势总是在不同程度和意义上处于自然状态。因此，着眼于新犯罪概念和刑罚报应理论下的刑事责任理论，内含于犯罪行为行为准则的自然法则，作为支配犯罪人与被害人间社会关系的法则，其可能具有的正当性是被承认的。

第二，自然法则作为犯罪行为内含行为准则被推定为合乎工具理性且有利于行为人利益实现的，刑事责任在相对合乎理性意义上调整犯罪人与被害人间的社会关系、使被害人承担犯罪造成的部分损害，也内含着对犯罪行为可能具有正当性的承认，这也体现出对自然法则具有意义的重视。

第三，由于理性有限性，现实确定具体犯罪行为刑事责任也内含着对自然法则具有意义的考量：一者，确定犯罪行为工具理性属性，有赖于对犯罪行为理应是合乎理性且有利于行为人利益的推定，而这一推定正是建立在对于自然法则的理解基础之上的；二者，在因偶然性因素影响而使犯罪结果不同于犯罪目的时，根据新刑罚报应理论确定现实罪刑关系，使犯罪行为在社会理性影响支配的范围内，在自然演化意义上成为非理性的且无助于犯罪人利益实现的，这无疑也需要着眼于自然法则在自然演化的意义上作出判断，体现出对自然法则在现实建构人们之间社会关系应该具有意义的尊重。

6. 结果责任在一定范围内是承担刑事责任的正当根据

（1）结果责任作为刑事责任得以存在的必然性。

结果责任，也称客观责任，意味着只要造成客观危害，不问是否有故意或过失，都应追究刑事责任。[1]"仅仅根据行为与结果间的因果关系，或者某种事实的客观存在来确定行为人的刑事责任，是结果责任或客观责任的典型特征。"[2]结果责任的成立既不要求故意也不要求过失，虽然其在现实的立法司法实践中也有诸多的体现，但在传统刑法的刑事责任理论中却只具有负面意义。例如，对结果加重犯，日本法院的主张是符合构成要件的基本行为和加重结果间只要有因果关系就够了，即便是对加重结果没有过失的情况下，犯罪人对加重结果也应承担结果责任。但日本法院的前述立场受到刑法理论界基于责任原则的批评：没有故意、过失就不能被谴责，对于加重结果，至少必须有过失，否则就不成立结果加重犯。[3]结果责任的存在是否具有正当性被认为是一个有争议的问题。

尽管结果责任存在的正当性在传统刑法理论中是一个有争议的问题，

---

〔1〕 陈子平：《刑法总论》（2008年增修版），中国人民大学出版社2009年版，第214页。

〔2〕 ［意］杜里奥·帕多瓦尼：《意大利刑法学原理》（注评版），陈忠林译评，中国人民大学出版社2004年版，第202页。

〔3〕 ［日］大谷实：《刑法讲义总论》（新版第2版），黎宏译，中国人民大学出版社2008年版，第191页。

但在这里的新犯罪概念和刑罚报应理论之下，结果责任却是刑事责任理论理应包含的内容：在一定条件下、在一定范围内，结果责任是犯罪人承担刑事责任的正当根据；只是犯罪行为的内含恶意（主观罪过）并不是可有可无的，而是被推定为存在的。而结果责任之所以能够成为且在必然意义上成为追究刑事责任的正当根据，是由两个方面的原因决定的。

首先是存在于根本意义上的原因，即在社会理性影响支配能力范围之内切实维护社会理性基础的必要性。在受到或理应受到社会理性影响支配的情势之下，着眼于社会理性在现实社会关系中必然具有的积极意义，平等原则作为现实社会关系建基于其上的社会理性基础必须得到切实有效维护。这意味着，对于由新刑罚报应理论确立的罪刑关系所内含的客观明确的刑罚正义标准，在现实罪刑关系中、在社会理性影响支配范围之内必须得到切实的贯彻落实，刑事责任的确定必须切实排除犯罪人相较被害人取得有利地位的可能性。

其次是存在于现实方面的原因，由于现实复杂性、人的理性有限性，我们在现实上不可能对犯罪行为主观罪过及其与行为结果间关系具有确实、明确的认知。在对犯罪行为主观罪过及其与犯罪结果间关系的确定上，很多时候我们都不得不依赖基于不完全证据的推定，依赖基于不完全理性的猜测或推测：一者，虽然在许多情况下人们能够很明确地确定犯罪行为内含的主观罪过，但也有许多情况是我们不能确定罪过是否存在，虽然可以确定很可能是内含罪过的（有时候即使是犯罪人本人都不可能确定其行为内含的主观方面是不是属于刑法上的罪过）；二者，对于主观罪过与犯罪结果间的关系，虽然在很多情况下不难基于理性确立起二者间逻辑上的涵括关系，但缘于偶然因素影响，在行为结果外在于行为逻辑时，我们就不可能真正理解行为与结果间的因果关系。在这两种情况下，要切实排除犯罪人相较被害人取得有利地位、维护平等原则，进而实现刑罚正义、维护社会关系的理性基础，使社会秩序在理性基础上建立和运行起来，结果责任成为承担刑事责任的正当根据自然就是必然的了，即使在这一过程中因偶然因素影响而使犯罪人错误地承担了不应承担的刑事责任，这也是社会及作为社会成员的犯罪人因理性有限性而理应承担，也必须承担的风险——这意味着，很多学者"存疑要作出对犯罪人有利解释，进而从轻适用刑罚"的主张并不是绝对成立且普遍有效的，因而应予否定。

（2）结果责任在现实实践中如何存在？

理解了结果责任作为刑事责任得以存在的原因，我们自然也就理解了结果责任的本质及其在现实中得以存在的条件，进而也就不难认识结果责任在理论和实践中是如何现实存在的。结果责任作为刑事责任承担方式在理论和现实实践中的存在方式是复杂多样的，但就现实司法实践来看，则主要有以下三种存在方式——着眼于前述结果责任存在的必然性与原因，从另一角度看这些原因也构成了结果责任的存在根据，我们能够理解它们是如何作为结果责任存在的。

第一，严格责任。严格责任虽然被一些学者视为结果责任在当今的残余，[1]但作为刑事责任的承担根据，在理论和实践中都是得到广泛承认的。承担严格责任的罪行是"不需证明某人具有意图、明知、轻率或疏忽即可对其定罪的那些罪行"，[2]在严格责任之下，犯罪人具有主观罪过固然要承担刑事责任，但在没有确定证据表明犯罪人有主观罪过时，考虑到犯罪行为可能是内含主观罪过的，犯罪人仍然需要承担刑事责任，除非有确实证据表明，犯罪人确实不存在主观罪过。着眼于前述结果责任能够作为刑事责任承担根据的原因，我们就不难理解严格责任何以有存在的必要了：缘于社会现实复杂性或人的理性有限性，虽然我们不能确定行为是内含罪过的，但却很可能是内含罪过的，不能绝对排除罪过的存在；而着眼于平等原则作为社会关系理性基础具有的积极意义，为在社会理性影响支配范围之内切实排除犯罪人相较被害人取得有利地位、维护平等原则，进而实现刑罚正义，使犯罪人作为社会成员基于严格责任承担刑事责任是必要的。

---

[1] 张明楷：《刑法学》（第3版），法律出版社2007年版，第203页。
[2] [英]杰瑞米·侯德：《阿什沃斯刑法原理》（第8版），时延安、史蔚译，中国法制出版社2019年版，第200页。

第二，法人犯罪刑事责任。考虑到将在下一章专门探讨法人犯罪刑事责任问题，对法人犯罪刑事责任如何以结果责任形式呈现于理论实践中，在此就不作展开了。

第三，部分就更严重犯罪结果承担的刑事责任，即在因偶然因素影响使产生的更严重客观危害结果显著不同于犯罪目的时，就更严重犯罪结果承担的刑事责任，即使犯罪人对严重结果的产生不存在过失。在这种情况下，虽然偶然意义上产生的犯罪结果是在犯罪行为的行为逻辑之外的，我们根本不可能说犯罪人对结果的产生具有主观罪过。但由于结果与犯罪行为是直接相关的，它就应该具有加重刑事责任的效果，这里加重了的刑事责任无疑就是结果责任。就此我们可以下述案例来说明，在因琐事引发的打斗中，犯罪人将被害人刺伤，被及时送到医院，在实施抢救过程中，医生因自身错误导致被害人死亡。鉴定表明，如果医生正常操作本不存在死亡危险。医生错误的发生只能是偶然的、不可预见的，这就决定了被害人死亡只能是偶然的、不可预见的，犯罪人对严重结果具有的刑事责任就不可能建基在过失基础之上，这使得在传统的责任原则之下是难以使犯罪人就死亡结果承担刑事责任的。但在新刑罚报应理论之下，犯罪人承担结果责任，即对被害人死亡的结果承担刑事责任是必然的——犯罪人与被害人间社会关系无疑是处于社会理性影响支配之下的，但行为内含的伤害故意无疑表明二者间关系在现实中处于自然状态，着眼于社会理性在现实社会关系中必然具有的积极意义，平等原则作为现实社会关系建基于其上的社会理性基础必须得到切实有效维护，从而决定了使犯罪人就死亡结果承担刑事责任的必要。只是这里就死亡结果承担的刑事责任虽与犯罪故意密切相关，却仅仅是在间接意义上密切相关的；这里的平等原则维护，并不是一定要将犯罪人处以死刑，而是就犯罪行为内含的不合理风险承担刑事责任——这里的刑事责任与社会组织化水平，即与社会理性的影响支配能力密切相关，在单纯自然状态下，可对其适用死刑；在完美的理想社会状态下，在要求医生承担部分民事责任的同时，仅对犯罪人适用民事责任就可有效调整二者间的社会关系；但就现实社会关系而言，在医生承担部分民事责任之外，犯罪人就死亡结果的其余部分在部分意义上承担刑事责任——对该其中的部分刑事责任，可由犯罪人以民事责任替代。

三、传统刑法"责任"理论批判

所谓责任，是由于实施了符合构成要件的违法行为，而能够对该行为人进行道义上的谴责，即谴责可能性。[1]在传统刑法理论中，责任不仅是构成要件符合性、违法性之外的行为构成犯罪的第三个构成要件，而且在刑罚量定中具有重要意义，具体案件中的每一部分刑罚适用都必须是与责任相当的。关于"责任"的理论在犯罪刑事责任的理解确定中自然是具有重要意义的，包括责任原则、责任基础和责任内容，是传统刑法理解、确定犯罪刑事责任的主要理论根据。

尽管"责任"理论在传统刑法理论中具有重要地位，但我们仍然不得不承认，其向来是存在着诸多争议的，面临着一些难以解决的实践问题，相较于能够更有效地解决这些实践难题的新刑罚报应理论下的刑事责任理论，传统刑法理论诸多责任学说存在的缺陷是十分明显的。着眼于更清晰地阐释新刑罚报应理论下的刑事责任理论，展示其科学性，在此对传统刑法的"责任"理论展开批判是必要的。

（一）关于责任原则

责任原则是指，对行为人的行为，只有在能以责任能力以及故意、过失为要件进行谴责的场合，才能追究该行为人的责任。[2]责任原则以"没有责任就没有刑罚"这一近代刑法的基本原则为基础，一方面注重责任能力、故意、过失在犯罪及其刑事责任中具有的意义，主张主观责任、摈弃客观责任或结果责任；另一方面以个人主义为背景，主张个人责任、反对团体责任，认为人只能对其自身所为的犯罪行为负责任，而不能对他人实

---

〔1〕［日］大谷实：《刑法讲义总论》（新版第2版），黎宏译，中国人民大学出版社2008年版，第280~281页。

〔2〕［日］大谷实：《刑法讲义总论》（新版第2版），黎宏译，中国人民大学出版社2008年版，第281页。

施的犯罪承担责任。此外，广义的责任原则还包括量刑应按照责任之比重作为原则的"量刑的责任主义"。

责任原则基于责任能力将刑事责任的追究限制在社会理性的影响支配范围之内，注重犯罪主观方面的故意、过失在刑事责任确定中具有的意义，这无疑是具有合理性的。但在将其贯彻于现实实践中时，仍然面临着诸多难以解决的问题：一是在严格责任中，不管行为人是否具有过失，均可对其追究刑事责任，这明显与责任原则相冲突；二是在结果加重犯中，现实司法实践采取对加重结果不需要过失的立场，这与责任原则是相矛盾的；三是在对法人犯罪追究刑事责任过程中，即使法人对犯罪不存在过失也可对其追究刑事责任，这就在两方面与责任原则存在冲突，一方面在法人与犯罪行为之间可以是不存在主观上的故意或过失联系的，另一方面法人承担的刑事责任总是作为团体责任存在的。

与传统刑法理论中的责任原则在实践中面临的诸多难以解决的难题相对应，上述难题在新犯罪概念和刑罚报应理论下的刑事责任理论中都是易于理解的——即使犯罪人对加重犯罪结果不存在主观过失也可对其追究刑事责任、在法人犯罪中对法人追究刑事责任是其理应包括的内容，这在前面已有充分的论述，彰显出新刑罚报应理论下的刑事责任理论的科学性。

（二）关于责任的本质

责任的本质，传统刑法理论上有道义责任论、社会责任论、规范责任论的对立，但应当说它们各自都存在自身难以克服的缺陷。

1. 道义责任论及其批判

以非决定论为基础，道义责任论主张，由于具有自由意志的人根据其自由的意思决定实施犯罪，自然应该将该行为及其结果归于行为人，行为人对于其行为和结果应当在道义上受到谴责。在道义责任之下，行为人主观上能依道义规范选择合法行为，且能根据该选择行动，却依其自由意思选择违法行为，因此应受道义责难。在古代，认为存在绝对的自由意志，主张行为只要具有内含恶意的故意、过失的心理事实，即可进行道义上的谴责，不考虑行为人所受到的素质和环境的影响。而在现今，则是以相对的自由意志观念为基础，主张尽管行为意志受到素质和环境的制约，但对于行为人主动实施的行为，行为人必须承担道义上的责任。在道义责任下，犯罪是人根据自由意思决定所为之行动，责任大小以实害为基础，考虑故意、过失之心理状态，进而决定行为人责任。

虽然建基在绝对的自由意志基础上的道义责任论备受批评而逐渐为学者所不采，但建基在相对自由意志基础上的修正的道义责任论仍是受到许多学者支持的；即便如此，修正的道义责任论仍是存在诸多缺陷的。这首先体现为传统刑法理论长期以来受到的批评：动用刑罚之主体（责任判断之主体）是国家，接受刑罚之客体（责任判断之客体）是个人，这就在责任判断上显现出国家与个人间的紧张关系，若将责任理解为"道义的非难或非难可能性"，则作为责任判断主体的国家，岂不成为"实现道义的主体"而对个人具有"道义上之优越性"？如此理解的前提，就是将国家当作社会伦理的创造者或实现者，而带有浓厚的国家主义、权威主义色彩，因此道义责任论本身存在着重大疑问。[1]应该说这些批评确实是有现实根据的，长久以来的人类历史深刻地表明了这一点。而着眼于新刑罚报应理论下的刑事责任理论，道义责任论的缺陷还包括，拒绝承认自然法则作为内含于犯罪行为的行为准则在影响支配现实社会关系中可能具有的正当性，不适当地将伦理规范绝对化，无视伦理规范的存在及其适用都是有条件的。

在新犯罪概念和刑罚报应理论之下，刑事责任是犯罪人作为社会主体就其犯罪行为在相对合乎理性意义上，依照平等原则应该承担的社会责任；借以在社会理性影响支配范围内确立、维护社会成员彼此之间理应存在的平等关系，维护社会生活的理性基础，以期促使社会成员在平等基础之上现实地建构起合乎社会理性法则的社会关系。为达此目的，新刑罚报应理论在给犯罪人施加刑事责任的同时，也藉由要求被害人、社会承受犯罪造成的损害结果使之承担了合乎理性地处理与犯罪人间社会关系的责

---

〔1〕 陈子平：《刑法总论》（2008 年增修版），中国人民大学出版社 2009 年版，第 219 页。

任。这就有效地面对并解决了人们对道义责任论的上述指摘。

新刑罚报应理论下的刑事责任理论一方面承认社会伦理法则在影响支配社会关系、罪刑关系中具有的正当性，但认识到这种正当性是有条件的、相对的，并不具有绝对性；另一方面，认识到自然法则在影响支配社会关系中具有的价值意义及其可能具有的正当性，这不仅使罪刑关系的处理在理论及实践上、在质量两方面都是有确实的理性根据的，而且对内含于犯罪行为行为准则的自然法则正当性的承认，则内含着对犯罪人自由及对其作为社会成员的尊重，使社会、国家不可能具有社会伦理创造者、实现者的地位。新犯罪概念和刑罚报应理论下的刑事责任理论消除了道义责任论具有的前述缺陷，不仅在理论上在罪刑之间、在质量两方面建立起了明确清晰的因果意义上的必然联系，而且确立了将理论上的罪刑关系内含于具体罪刑关系中应该遵循的规则，明显是更为科学合理的。

2. 社会责任论及其批判

社会责任论以决定论为基础，否认人具有自由意志，主张对社会有危险的人，必须甘心忍受社会对其所采取的作为防卫手段的刑罚，其应当忍受该种刑罚的法律地位就是责任。考虑到这一责任理论在传统的刑法理论中长期以来都是批判和否定的对象，笔者对此也持反对态度，对这一理论在此只是着眼于理论体系上的完整而提及，对其批判则不作展开。

3. 法的责任论及其批判

法的责任论（也称法规范的责任论）主张，责任乃是对于实施违法行为之行为人能从法的立场以刑罚手段加以的非难，即法的非难可能性。根据法的责任论，刑法上的责任是从法的立场，依照法的标准所为的非难，不同于社会伦理上的道义非难，例如，对于13岁少年实施的犯罪行为，虽然能够进行道义上的非难，但却不可能在刑法上追究责任。

尽管法的责任论在当前占据了通说的地位，但其存在的缺陷如此明显，以致其不可能成为刑法上责任的理论根据，因而是应该予以批判和否定的。刑法规范在现实上理应是对每一个犯罪追究刑事责任的根据，但刑法上的责任论不仅应该在现实司法实践上成为追究刑事责任的根据，而且应该在立法实践上成为确定具体刑法规范的根据。法的责任论作为对犯罪行为追究刑事责任的理论根据，其根本性的缺陷在于，法究何所指是不明确的，其作为理论根据也就不可能具有理论上的清晰明确性，明显不具有理论理应具有的清晰明确性品格。

不可否认，在不同的社会情势之下，可以存在不同的伦理规则或社会理性法则（如母子之间的伦理规则不同于普通自然人间的伦理规则，普通社会情势下的伦理规则不同于战争情势下的伦理规则），这使得在新犯罪概念、刑罚报应理论下的刑事责任理论之下，犯罪行为内含行为准则是否违背社会理性法则，违背的是哪一社会理性法则都可能是存在争议的；但我们仍然必须承认，在具体的情势之下，建基在平等原则基础上的社会理性法则却是可以客观地确定的，这就仍然使社会理性法则是具有客观明确性的。两相比较，法的责任论存在明显缺陷，难以成为犯罪刑事责任的理论根据，而新犯罪概念和刑罚报应理论下的刑事责任理论明显是更为科学合理的。

（三）关于责任的基础与要素

在传统刑法理论中，责任的基础、要素在作为犯罪行为结果的刑事责任理解中是紧密相关的，二者均具有重要意义，但其作为刑事责任理论的一部分却仍是存在重大缺陷的。

关于责任判断之基础与对象，传统刑法理论主要存在三种不同主张。一是行为责任论，主张责任非难的基础建立在形成各个外在行为之个别性的意思活动上，是行为责任，也是意思责任。二是以决定论为基础的性格责任论，主张犯罪人的社会危险性格是责任的基础，认为犯罪人的行为和意思只不过是犯罪恶性的表征，不具有犯罪论上的独立意义，将责任之基础置于社会对行为人危险性格所谋求的防卫处分上。这一理论在传统刑法理论中受到的指摘是，丧失了责任所具有的非难之内涵。三是人格责任论，在其看来，评价责任首先必须考虑行为责任，其次要考虑存在于行为背后的行为人人格的"人格形成责任"。人格责任论在传统刑法理论中受到的指摘是，人格形成过程极其复杂，因而难以恰当地评估，同时对于潜在性的人格加以法的评价，是对个人隐私的不当介入，因此，将过去之人格形成作为责任的基础是不恰当的。

关于责任判断的要素在传统刑法理论中主要存在心理责任论、规范责任论的区别，心理责任论认为，只要有责任能力以及故意、过失这样的心理事实，就具有道义上的责任；其将责任理解为行为人对行为的心理关系，并将该心理关系分为对行为或结果的认识（故意）和认识的可能性（过失），故意和过失是责任的种类或形式；责任是故意、过失这种心理事实的类概念，有故意或过失就有责任，没有故意、过失就没有责任。传统刑法理论中，心理责任论受到的批评主要是，责任之内涵并非仅限于事实层面，尚有规范层面、评价层面之问题。与心理责任论不同，规范责任论以法的非难可能性或社会规范的非难可能性掌握责任之实质内涵，将故意和过失统一理解为规范要素，要求行为人除具有责任能力以及故意、过失的心理要素之外，在行为时还必须具有能够期待行为人不为该违法行为而实施合法行为的期待可能性的规范要素。[1]

传统刑法的责任基础、责任要素理论在前述存在的缺陷之外，着眼于新犯罪概念和刑罚报应理论的刑事责任理论，其存在的明显缺陷还在于，在犯罪行为、犯罪人人格性格及犯罪主观罪过的故意、过失与刑罚适用之间缺乏理性逻辑上的紧密联系。尽管它们也能够在部分意义上说明刑事责任的确定与它们不同程度上存在的联系，但作为一个完善的理论却是远远不够的。这与新刑罚报应理论下的刑事责任理论相比是鲜明的：基于犯罪情势，着眼于犯罪行为故意、过失在观念上内含的犯罪人与被害人间社会关系的对立统一关系，借以就犯罪造成的损害，基于前述对立统一关系、着眼于逻辑上的必然性确定犯罪人应该承担的刑事责任。

（四）传统刑法"责任"理论整体审视

传统刑法理论在"责任"理论上长期以来存在的诸多纷争和缺陷，在

---

[1] 陈子平：《刑法总论》（2008年增修版），中国人民大学出版社2009年版，第221页。另见［日］大谷实：《刑法讲义总论》（新版第2版），黎宏译，中国人民大学出版社2008年版，第285~286页。

最终意义上反映的是在基础刑法刑事责任理论上存在的重大缺陷，着眼于新犯罪概念和刑罚报应理论下的刑事责任理论，这些重大缺陷主要可以归结于紧密相关的以下几个方面。一是其主要限于在伦理意义上探讨犯罪人就其行为应承担的刑事责任问题，这不可避免地有意无意地使犯罪人总是被视为谴责、惩罚的对象，进而看不到犯罪行为存在的合理性及其可能具有的正当性，使犯罪人往往很难在真正意义上被作为社会成员，以社会主体的身份地位得到应有的尊重；二是无视犯罪情势社会组织化水平在罪刑关系中具有的意义，看不到犯罪情势内含的社会理性属性对刑事责任确定具有的影响支配作用；三是不能客观地正确认识自然法则与社会理性法则之间存在的紧密联系，以及自然法则在犯罪及其刑事责任承担中具有的意义；四是在确定责任时，如何处理人的理性有限性在罪刑关系中具有的意义，缺乏确切的理性规则，这里的理性有限性一方面是犯罪行为内含的理性具有有限性，另一方面是社会、他人对犯罪行为的认知判断仅具有有限的理性基础。

第七章　关于法人犯罪刑事责任的基本理论

推证思路：基于新犯罪概念和刑罚报应理论，说明法人犯罪在刑法理论上的存在根据，释明法人犯罪刑事责任中法人刑事责任与法人成员刑事责任之间的关系及二者各自与犯罪造成损害之间的关系，证明法人犯罪及其法人犯罪主体在理论上存在的范围。

追究法人犯罪的刑事责任已经成为很多国家普遍的立法和司法实践，但我们仍然不得不承认，这在很大程度上仍是社会现实需要的产物，并非建立在必然的理论基础之上。我们并没有形成成熟完整的法人犯罪理论：在法人犯罪的许多问题上，人们并没有形成普遍的、令人信服的共识，人们对法人犯罪仍然缺乏真正意义上的理解。而究其原因，在笔者看来，这与我们对犯罪、刑罚问题缺乏真正意义上的理解紧密相关。

新刑罚报应理论及与之具有内在一致性的犯罪概念，直接着眼于犯罪行为自身的本质属性及其内在行为逻辑来认识犯罪和刑罚问题，直接将对犯罪和刑罚适用的认知建立在犯罪行为自身具有的本质属性基础之上，这种认知无疑是更为深刻的。这种更为科学成熟的、迥异于传统的刑罚理论和犯罪概念，使我们对法人犯罪及其刑事责任诸多方面的问题有了更为深刻的理解。

一、法人犯罪在理论上的存在根据

法人犯罪在理论上的存在根据，内含着人们对法人行为何以能够被视为犯罪行为追究刑事责任的理解，这既与人们对犯罪概念的理解有关，也与人们对刑事责任（理论）的认知有关。由于刑事责任在逻辑上总是作为犯罪行为结果存在的，犯罪概念总是内含着对刑事责任的理解，二者具有本质意义上的一致性，这进而又决定了前述两个方面的内容又是具有本质意义上的内在一致性。

（一）新犯罪概念能够涵括法人行为

着眼于犯罪概念，法人行为之所以能够被认作法人犯罪行为，是因为犯罪概念能够涵括犯罪的法人行为。新刑罚报应理论下的犯罪概念认为，在受到或理应受到社会理性影响支配的情势之下，就违背平等原则、恶意损害他人利益的行为而言，在社会理性不能有效调整行为双方间社会关系的意义上，行为应被视为犯罪行为；对于犯罪行为，应依平等原则对犯罪人施加刑罚。在前述犯罪概念之下，行为之所以成为犯罪行为，在自然层面上是因为行为造成了客观损害或着眼于行为的内在逻辑必然会造成损害，这一点将有害行为与合法有益行为区别开来；而在社会伦理层面上，则是因为行为违背平等原则，恶意地损害他人利益，即行为内含或推定内含的行为准则是违背（基于平等原则的）社会理性法则的，即是违背社会伦理法则的。虽然行为违背了社会理性法则，但行为无疑仍是合乎自然法则，并受到自然法则支配的，自然法则与社会理性法则在此无可怀疑地存在着尖锐的冲突。而这必然意味着理性的失败，意味着社会理性在逻辑上不可能合乎理性地调整行为双方间的社会关系，而在社会理性法则在现实上亦不能有效调整行为双方间利益关系时，就只能藉由刑罚或刑事责任在相对合乎理性意义上调整行为双方间的社会关系。这一方面着眼于行为内含的行为准则，在社会层面即社会本质意义上将刑事违法行为与民事违法行为、意外事件（单纯的自然现象）区别开来；另一方面将刑事责任作为犯罪行为结果与建基于理性基础的、作为民事违法行为结果的民事责任在社会本质意义上区别开来。在此，将犯罪行为与民事违法行为区别开来的是行为内含或推定内含的行为逻辑与行为准则（这一准则因违背平等原则损害相对人利益而被认为是内含恶意的），及其所体现的犯罪人与被害人利益上存在的对立统一关系，而不是如传统刑法理论那样建基在主观罪过基础之上，即不以主观故意或过失为必要。这消除了传统刑法理论将法人行为视为犯罪行为的障碍，使新的犯罪概念能够直接涵括法人行为：虽然主观罪过在认定行为内含行为准则是否内含恶意上具有重要意义，但二者仍是两个不同的概念，存在虽不具有主观罪过的故意或过失但却仍是内含恶意的行为，如对被害人利益的不当无视或忽视就可以被认为或被推定为是内含恶意的，基于疏忽大意的过失是其典型。在被认作犯罪行为的行为因与法人间存在联系而被认作法人行为时，如由法人成员在完成法人业务活动过程中实施的行为等，法人行为也就理应被视为法人犯罪行为：在此明显的是，法人行为是可以被认作犯罪行为的。

（二）新的刑事责任理论为法人刑事责任提供了理论根据

着眼于犯罪行为具有的工具理性属性及社会理性属性以及犯罪行为内含的行为准则，新刑罚报应理论将刑事责任直接建基在犯罪行为所体现的犯罪人与被害人或社会间在犯罪行为所涉利益上存在的对立统一关系基础之上，而不是直接建基在主观罪过基础之上，不以主观罪过为必要，借以在相对合乎理性意义上调整彼此之间的社会关系。在此，刑事责任作为犯罪行为（社会理性）逻辑上的结果，在本质意义上是犯罪人作为社会成员、社会主体就其犯罪行为依照平等原则应该承担的社会责任。亦即，使犯罪人承担刑事责任，并不是为了功利地维护现实的社会秩序，而是藉由对社会正义的追求，在社会理性影响支配范围内确立并维护社会成员彼此之间理应存在的平等关系，在社会理性影响支配范围内（而不是在绝对意义上）排除犯罪人获得不当优势的可能性，以期为社会成员合乎平等原则地现实建构起合乎社会理性法则的社会关系奠定理性基础。

着眼于前述刑事责任理论，何以能够对法人追究刑事责任就是十分明显的了。着眼于刑事责任理论，法人之所以能够基于其犯罪行为而被追究刑事责任，其原因是，虽然社会理性在现实及理性逻辑上均不足以有效调整行为双方间的建基于利益基础的社会关系，但在社会理性影响支配范围之内，在确立维护社会成员彼此之间理应存在的平等关系，以期为社会成员合乎平等原则地现实建构起合乎社会理性法则的社会关系奠定理性基础的意义上，以及在排除法人作为社会成员基于犯罪行为不当获取优势地位的意义上，法人作为社会成员或社会主体承担刑事责任具有现实的必要性，是法人作为社会成员、社会主体应该承担的责任，唯此才能使现实社会关系具有确实的理性基础。为了维护社会生活的理性基础，新刑罚报应理论在给犯罪人施加刑事责任的同时，也藉由要求被害人、社会承受犯罪造成的损害结果，使之承担了合乎理性地处理与犯罪人间社会关系的责任。

二、法人犯罪刑事责任的结构

在法人犯罪中，虽然也需要如同在自然人犯罪将新刑罚报应理论作为承担刑事责任的根据，但由于法人在现实结构和行为方式上明显不同于自然人，具有不同的社会地位并履行着不同的社会职能，这必然使得在法人如何就其行为承担刑事责任的问题上具有不同于自然人犯罪的鲜明特征，而有特别给予探讨的必要。法人犯罪的刑事责任不仅涉及自然人作为法人成员应该如何承担刑事责任的问题，而且牵涉法人刑事责任的承担。

就法人成员职务行为构成的犯罪对法人追究刑事责任，在现实上建基于法人对相关职务行为具有管理的权利职责，并现实地对行为在直接或间接意义上进行了管理的基础之上，正是管理行为使作为法人成员的自然人行为成为理应反映法人利益及法人意志的法人行为，成为法人需要就其承担民事或刑事责任的行为。但值得注意的是，着眼于犯罪行为是否反映并符合法人意志、意愿，法人基于其管理行为对法人犯罪行为承担的刑事责任，在理性逻辑结构上是不同的。

（一）符合法人意愿的法人犯罪刑事责任的结构

法人行为符合法人意志、意愿是自然的，法人犯罪行为是符合或被推定符合法人意愿的，自然构成了法人犯罪行为的绝大多数情况。依据新刑罚报应理论确定此类法人犯罪的刑事责任，虽然由于理性有限性我们仍然难以绝对清晰地确定法人及法人成员应该承担的刑事责任，但着眼于法人与其法人成员间理应存在的影响支配关系，仍是可以依据新刑罚报应理论在逻辑结构上说明法人犯罪刑事责任的。

如前所述，在新刑罚报应理论之下，受到或理应受到社会理性影响支配的犯罪情势总是在不同程度和意义上处于自然状态，而在相对程度和意义上处于理想完美的社会状态之下。相应地，我们可以在观念上将犯罪行为造成的损害分为两个部分，即犯罪行为在犯罪情势处于自然状态程度和意义上造成的损害，与犯罪行为在犯罪情势处于理想完美社会状态程度和意义上造成的损害。就前述两部分损害，依据平等原则，在互补意义上存在刑事责任和民事责任的对立：就犯罪行为在犯罪情势处于自然状态的程度和意义上产生的损害，着眼于犯罪人与被害人在利益上存在的对立关系，依据平等原则、着眼于等量报应追究犯罪人刑事责任，犯罪行为产生的此部分损害由被害人自行承担；而对于犯罪行为在受到社会理性有效支配从而处于理想完美社会状态的程度和意义上造成的损害，虽然犯罪人仍应承担刑事责任，但着眼于功利的考虑，这些刑事责任却是可以也理应（在现实可行的情况下）由民事责任加以替代的，从而成为犯罪人依民法规则承担民事责任的根据。

基于新刑罚报应理论，着眼于法人与其成员之间理应存在的影响支配关系，我们可以对法人犯罪刑事责任的结构进行如下说明。对于犯罪情势处于理想完美社会状态的程度和意义上造成的损害部分，考虑到在新刑罚报应理论之下社会理性对该部分损害有完全意义上的影响支配能力，该部分损害的刑事责任应由法人作为整体承担，可以民事责任替代，只是该部分损害的责任是由法人与法人成员分担的。而对于犯罪情势处于自然状态程度和意义上造成的损害，法人及法人成员作为各自独立的主体就该部分损害的，各自基于其内含于行为的行为准则所体现的犯罪人利益与社会公共利益间的对立统一关系承担刑事责任。只是这里我们仍不得不考虑法人现实具有的对法人成员行为的影响支配作用，这一影响支配作用可以是完全意义上的支配，也可以是很小程度上的支配，与特定时代、特定情势紧密相关，难以在一般意义上进行探讨。如此，我们也就不难理解，何以对法人成员的刑罚适用标准往往轻于对单纯自然人犯罪的刑罚适用，但这并不具有绝对性。

（二）违背法人意愿的法人犯罪刑事责任的结构

对于违背法人意愿实施的法人犯罪行为，对参与犯罪实施的法人成员仍可以作为法人犯罪并依据新刑罚报应理论对其追究刑事责任；但却难以基于新刑罚报应理论追究对法人的刑事责任。在自然人犯罪中，对于违背行为人意愿的行为，虽然能够基于疏忽大意的过失对行为人追究刑事责任，但难以想象基于故意对自然人犯罪追究刑事责任，何以我们能够就违背法人意愿、由法人成员实施的故意或过失犯罪行为对法人追究刑事责任？如何对法人追究刑事责任？这些问题在传统刑法理论中都是不可能得到解决的，但在新犯罪概念和刑罚报应理论之下，却是易于理解的。

就违背法人意志、意愿的犯罪行为追究法人的刑事责任，是不可能如在自然人犯罪中那样，是依新刑罚报应理论、着眼于法人作为犯罪人与被害人在犯罪所涉利益上存在对立统一关系来确定法人应该承担刑事责任的。由于违背法人意愿，犯罪行为一般来说不可能给作为犯罪人的法人带来利益，即使在特殊情况下在自然意义上能够给法人带来利益，这些利益也非法人所意愿追求的。这就决定了内含于法人成员所实施的犯罪行为的行为准则并不是法人意欲赋予行为的行为准则，行为准则反映的与社会之间在犯罪行为所涉利益上存在的对立统一关系并不是存在于法人与社会间的利益上的对立统一关系，这就决定了我们不可能基于新刑罚报应理论就犯罪造成的损害直接对法人追究刑事责任的。

对于违背法人意愿实施的犯罪行为，虽然我们不可能依据新刑罚报应理论直接就犯罪行为对法人追究刑事责任，但我们仍能够在间接意义上对法人追究刑事责任，只是这里构成对法人追究刑事责任的基础是法人作为社会主体、社会成员未能在其业务范围内有效履行管理职责，借以避免犯罪的现实发生而理应承担的责任。法人在其业务范围内的管理职责具有政府管理社会秩序职责的属性，其有效履行是本应能够有效避免犯罪行为现实发生的；而在法人未能在其业务范围内有效履行管理职责，以致犯罪情势在不同程度和意义上处于自然状态时，犯罪的现实发生就成为不可避免的了，法人作为社会成员、社会主体就此承担刑事责任是合乎理性的。而成为法人承担责任基础的，由犯罪行为引起的损害则包括两个部分，一是犯罪行为给社会造成的部分现实客观损害，二是因对法人成员适用刑罚而给法人成员及社会带来的部分可以预见的损害。值得注意的是，法人就前述两部分损害承担的责任，仅仅是犯罪在行为理性逻辑上给社会造成全部损害的一部分，其余部分则是理应由在管理社会秩序、避免犯罪现实发生中负有重要责任的国家承担的：我们不应忽视国家在避免犯罪现实发生、维护社会生活秩序中负有的管理责任。而对于国家负担的损害与法人负担的损害之间的关系，则需要现实地加以判定：在国家有效履行了管理责任的情况下，我们可以要求法人承担损害的主要部分；而在国家未能有效履行管理责任，社会秩序在很大程度上处于混乱状态时，法人仅承担小部分损害即可。

三、关于法人犯罪的存在空间

从理论上说，任何犯罪都是可以以法人犯罪的形式出现的，在侵略战争中，作为战争一部分发生的杀人、强奸行为可以很好地表明这一点。但在通常现实的社会条件下，确实有很多行为是不可能以法人犯罪形式实施的，我们很难想象一个普通的民事上的法人能够影响支配法人成员实施盗窃行为、强奸行为，进而以盗窃罪、强奸罪对法人定罪。在现实社会中，关于法人犯罪存在的空间是需要在特定社会条件下加以现实判断的，这里不作展开。

四、关于法人犯罪的主体范围

什么样的主体能够成为法人犯罪的主体？这在传统法人犯罪理论中是

颇有争议、没有定论的问题，但在新犯罪概念和刑罚报应理论之下，其答案却是极为鲜明的。着眼于行为内含的行为准则，着眼于法人对其成员行为可能具有的影响支配能力，我们看不到任何能够将特定类型的参与社会生活的社会组织排除在法人犯罪主体范围之外的理论根据（国家在国际法领域难以成为一个犯罪主体，主要是政治问题，而不是法律上的理论问题）。

第八章　基于新犯罪概念应该如何理解不作为犯罪

推证思路：履行作为义务在理性逻辑上是合乎义务人意愿和利益的，不纯正不作为犯罪人之所以出于恶意或被认为出于恶意不履行作为义务，是因为履行义务的条件在犯罪情势下发生了根本意义上的改变，面临着更大风险或负担过于沉重。这一点被传统不纯正不作为犯罪理论无视，却在理解本书建构的不纯正不作为犯罪理论中至关重要。履行义务条件的这一重大变化，使犯罪情势很大程度上处于自然状态，社会理性（民法规则）失去了本应具有的影响支配能力的有效性，从而有必要将不作为视为犯罪适用刑罚。在此，适用刑罚的目的在于剥夺犯罪人因不履行作为义务得以避免的负担或遭受损害风险具有的价值，这与传统不作为犯罪理论将犯罪造成的现实损害作为适用刑罚的直接基础存在根本不同，前者明显远小于后者。

　　在前文建构新刑罚报应理论过程中，笔者曾指出犯罪行为必然具有或理应具有的属性，这些属性作为新刑罚报应理论的现实基础，内含着我们对犯罪行为的理解和认知，由此在前文曾对犯罪概念给出了如下定义：在受到或理应受到社会理性法则影响支配的社会关系范围内，违背平等原则、恶意损害他人利益的行为是犯罪行为；对于犯罪行为造成的损害，应依平等原则对犯罪人施加惩罚。

　　犯罪概念的上述定义与传统意义上的犯罪概念或观念存在的鲜明差异

在前文已有探讨，这些不同不仅决定了建基于新犯罪概念的新刑罚报应理论与传统刑罚理论存在鲜明差异，而且决定了建基于这一新犯罪概念的刑法理论与传统刑法理论不可避免地也会存在差异。更为明确、清晰、合理的犯罪概念使得我们能够更好地理解犯罪现象，从而使我们能够更好地建构相关的刑法学理论，也自然使我们能够更有效合理地理解认识不作为犯罪，建构更好的不作为犯罪理论。

一、理解不作为犯罪需要特别关注的犯罪行为特征

着眼于不作为犯罪的理论探讨，在新犯罪概念之下，犯罪行为具有的根本区别于传统犯罪概念或观念的一些特征值得我们给予特别关注。这主要涉及三个方面：

第一，在犯罪行为发生的社会环境方面，新犯罪概念强调犯罪行为是受到或理应受到社会理性影响支配的，这是行为被作为犯罪行为的前提性假设，也是犯罪行为能够被视为侵害被害人利益的基础，在此意义上犯罪行为不具有正当性，是对被害人权利的侵害。如果行为及相关的社会关系不被认为应合乎社会理性或受到社会理性法则的影响支配，也就不可能存在犯罪行为，正如狼吃掉羊不可能被作为犯罪一样，将人作为奴隶在奴隶社会也不可能被视为犯罪行为，这一点在传统犯罪概念或观念中在很大程度上是被无视的。

第二，虽然犯罪行为是受到或理应受到社会理性影响支配的，但就其自身而言，犯罪行为在现实中却只能作为社会理性失败的产物而处于自然状态，其内在的现实行为准则只能是违背社会理性法则的自然法则。进而，虽然犯罪人确实侵害了被害人的利益，着眼于社会理性，犯罪行为自然只能是违背平等原则而内含恶意或理应内含恶意的（即被推定为内含恶意的），但在犯罪情势处于自然状态的意义上，我们却既不能说被害人的权利受到了损害，也不能说犯罪人没有履行自己的义务。在新的犯罪概念之下，犯罪的现实发生总是意味着社会理性的失败，意味着犯罪情势在现实上处于自然状态之下。也只有在犯罪情势处于自然状态的程度和意义上，犯罪行为才能有利于犯罪人自身利益的实现，才能有现实存在的根据而具有现实性。而在犯罪情势处于自然状态的程度和意义上，虽然犯罪行为客观上确实损害了被害人或社会的利益，但我们却不能说被害人权利受到了损害，也不能说犯罪人没有履行义务，正如我们既不能说吃羊的狼违背了自己的义务，也不能说羊的权利受到了侵害一样，因为这不符合人们对处于自然状态之下的犯罪行为的客观事实的理性认知。在处于自然状态的犯罪情势之下，也即在自然状态之下，犯罪行为的正当性自然也是不能被绝对否认的，从而权利和义务都是不可能得到确认的，至少无法同时得到犯罪人和被害人双方的承认——正是在这一点上，新犯罪概念与传统犯罪概念之间存在鲜明差异。在传统犯罪概念之下，犯罪总是被认为侵害了被害人的权利，违背了犯罪人应该承担的义务，犯罪总是被认为有害于社会而不具有正当性。如康德曾明确提出犯罪是对义务的故意违反，[1]黑格尔认为犯罪是对法律的否定，对犯罪适用刑罚正是法律对犯罪的否定之否定；其明确主张犯罪是应予否定而不具有正当性的，没有存在根据；对于犯罪行为造成的损害，犯罪人不仅应该承担刑事责任，而且应该承担民事损害赔偿责任。我国《刑法》也明确主张犯罪是有害于社会、侵害权利的行为，其第 13 条明确规定："一切危害国家主权、领土完整和安全，分裂国家、颠覆人民民主专政的政权和推翻社会主义制度，破坏社会秩序和经济秩序，侵犯国有财产或者劳动群众集体所有的财产，侵犯公民私人所有的财产，侵犯公民的人身权利、民主权利和其他权利，以及其他危害社会的行为，依照法律应当受刑罚处罚的，都是犯罪，但是情节显著轻微危害不大的，不认为是犯罪。"我国刑法理论界普遍根据上述规定将社会危害性、刑事违法性视为犯罪行为的基本特征。

第二，与新犯罪概念、传统犯罪概念或观念在犯罪行为认知上存在的前述差异紧密相关，二者在犯罪行为的法律后果上，也即在刑罚使命的理

---

〔1〕［德］康德：《法的形而上学原理——权利的科学》，沈叔平译，商务印书馆 1991 年版，第 31 页。

解上也存在重大不同。在传统犯罪概念之下，对于犯罪行为造成的损害，犯罪人不仅应该藉由刑罚承担刑事责任，而且需要就犯罪行为造成的损害承担民事损害赔偿责任，刑事责任与民事责任是在并列意义上存在的，而就刑罚的本质，也即就刑罚的使命而言，则存在报应刑论与强调犯罪预防的目的刑论及作为二者综合的相对报应刑论间的对立。在刑罚本质、刑罚使命认知上存在的差异和对立，事实上体现出人们在这一问题上的认知是不清晰的、混乱的。而在新犯罪概念之下，就犯罪行为造成的损害，犯罪人需要依平等原则承担刑事责任；但在犯罪行为受到社会理性影响支配的程度和意义上，则以承担民事损害赔偿责任的方式替代刑事责任（这仍是合乎平等原则的），刑事责任与民事责任并非在并列意义上，而是在互补意义上存在的。刑罚在这里自然是报应性的、正义的，而实现报应正义的标准则是，在犯罪行为受到社会理性影响支配的程度和意义上，在逻辑意义上使犯罪行为成为非理性的、无助于犯罪人利益实现的，从而在理性逻辑上排除犯罪现实存在的可能性。这里并不在社会理性影响支配能力范围之外追求刑罚目的的实现；相反地，是在犯罪情势处于自然状态的程度和意义上，尊重犯罪行为现实发生所具有的正当性，也即在自然意义上具有的正当性、客观性。在这里同样值得注意的是，刑罚适用并不以特定社会秩序的维护为追求，而仅仅为使人们合乎理性地处理并建构彼此之间的社会关系奠定基础，使犯罪行为在社会理性影响支配的范围内成为非理性的；而对于是否建立，如何建立彼此之间的合乎理性的现实社会关系，则是需要人们个别地、现实地加以解决的问题。

与新犯罪概念、传统犯罪概念或观念上存在的上述差异紧密相关，建基在新犯罪概念基础之上的不作为犯罪理论与传统的不作为犯罪理论存在重大差异。

二、在新犯罪概念之下的不作为犯罪理论

不作为犯罪是以不作为，即消极的身体活动所实施的犯罪，可以分为纯正不作为犯罪和不纯正不作为犯罪两大类型。在刑法理论上，纯正不作

为犯罪是刑法规定的、只能以不作为的形式实施的犯罪，如我国刑法规定的逃税罪、遗弃罪；不纯正不作为犯罪则是指以不作为方式实施的刑法以作为行为方式规定的犯罪行为。鉴于新犯罪概念对犯罪行为的理解在根本意义上不同于传统犯罪概念（或观念），使得二者在对不作为犯罪的理解上也存在根本不同，进而决定了新犯罪概念之下的不作为犯罪理论也不同于传统的不作为犯罪理论。

（一）何以不作为行为能够被视为犯罪行为

在新犯罪概念之下，不作为犯罪之所以被视为犯罪行为是基于以下两个方面的原因：

第一，作为义务的存在无可怀疑地表明，不作为发生的情势及其所涉及的社会关系是处于或理应处于社会理性影响支配之下的。如此，在新犯罪概念之下，我们就确立了将不作为行为视为犯罪行为的前提性理性基础。

第二，不作为行为之所以在某些情况下被作为犯罪行为，本质意义在于，在理应受到社会理性影响支配的情势之下，不作为行为人虽然是理应履行作为义务的，但其却恶意或被认为恶意不履行作为义务以致损害了他人利益或社会公共利益。在具有作为义务却未能履行作为义务以致给他人或社会造成严重损害的情势之下，如果义务人未能履行作为义务是意外原因导致的，并非出于恶意，如因不可抗力不履行合同义务，或认为承担违约责任却不履行合同是更为合乎整体利益的，则社会理性法仍是内在于不作为行为，而被认为构成不作为的行为准则的。在这种情况下，虽然不作为行为与他人的损害，甚至是严重损害相关，我们仍然必须承认不作为行为自身是建立在社会理性基础之上并合乎社会理性法则的，损害是仅在偶然意义上作为意外事件存在的。这决定了依照社会理性法则，藉由民事责任的承担理应是能够有效调整义务人与被害人间的社会关系的，根本无需将未能履行义务的不作为行为视为犯罪。但在义务人不履行义务的不作为行为是出于恶意，或因违背社会理性法则而被认为出于恶意，如不认真履行相关义务以致被害人处于危险之下，或者过于注重自身利益却低估以至无视被害人利益在不作为行为中具有的价值意义，则无疑意味着内含于不作为行为的行为准则是自然法则，意味着义务人与被害人间的现实社会关系处于自然状态之下，意味着本应支配义务人与被害人间社会关系的社会理性法则并未现实地影响支配二者间的社会关系，意味着社会理性法则不可能有效、现实地调整二者间的社会关系。而考虑到因不履行义务的不作为行为给被害人所造成的严重损害，在依社会理性法则不可能有效调整二者间的社会关系时，我们就必须将不作为行为作为犯罪行为对其适用刑罚，以求在相对合乎理性意义上调整不履行作为义务的行为人与被害人间的社会关系。如此，不作为行为自然能够成为现实的犯罪行为，成为我们对不作为义务人追究刑事责任的现实根据。不作为犯罪行为在这里无疑既包括纯正不作为犯罪，也包括不纯正不作为犯罪。

（二）如何理解不作为犯罪的罪刑关系

基于前述对不作为犯罪行为的理解，依据建基于新犯罪概念的新刑罚报应理论，着眼于在新犯罪概念之下对刑罚本质意义的理解，从另一方面看是着眼于对刑罚使命的理解，我们对不作为犯罪的罪刑关系应作出如下理解：在不作为犯罪之下，刑罚自然是报应性的、正义的，是基于平等原则需要承担的刑事责任（在不作为犯罪行为受到社会理性影响支配的程度和意义上，则应以承担民事损害赔偿责任的方式替代刑事责任，刑事责任与民事责任是在互补意义上存在的）。而实现刑罚报应正义的标准则是，在行为内含或理应内含的逻辑意义上，使不履行作为义务的不作为犯罪行为成为非理性的、无助于犯罪人利益实现的，从而在社会理性影响支配的范围内、在逻辑意义上排除不作为犯罪现实存在的可能性（并不追求在实际上排除不作为犯罪现实存在的可能性，即不追求避免不履行作为义务造成损害的发生，不作为犯罪的现实发生直接证明了这一追求是不可能实现的）。

（三）纯正不作为犯罪刑罚适用无专门探讨的必要

基于不作为犯罪行为及其引起的损害现实地确定具体犯罪的刑罚适用，就纯正不作为犯罪来说是不存在问题的，从而没有予以特别探讨的必要。这有两个方面的原因：一者，着眼于罪刑法定原则，纯正不作为犯罪及其法定刑在刑法中必然都是有直接规定的；二者，纯正不作为犯罪造成的损害总是直接内在于不作为犯罪行为自身的，对纯正不作为犯罪行为的理解认知，必然要涉及对其造成损害的理解认知，而理解纯正不作为犯罪造成损害的价值意义，也离不开对纯正不作为犯罪行为的准确认知，两方面是统一的。这使得，与刑法有明确规定的，以作为方式实施的犯罪相比，纯正不作为犯罪行为现实确定应该适用的刑罚并无特别之处，这就使在此探讨纯正不作为犯罪的刑罚适用成为不必要的了。

（四）不纯正不作为犯罪的刑罚理论

在不作为犯罪现实罪刑关系处理中有必要在理论上特别予以探讨的是如何现实地确定不纯正不作为犯罪的刑罚适用问题，这涉及诸多需要解决的理论和实践问题。

1. 不纯正不作为犯罪的刑罚使命与刑罚的量定

就不纯正不作为犯罪而言，构成其刑罚适用基础的是不纯正不作为犯罪行为及其引起的危害，这应该是不存在争议的；但在应该如何量定具体不纯正不作为犯罪行为应予适用的刑罚问题上，传统刑罚理论并没有很好地解决，其无法解释为何不纯正不作为犯罪的刑罚适用普遍轻于以作为方式实施的相同犯罪。但在新犯罪概念之下，依照新刑罚报应理论，上述问题能够得到很好的解释。

如前所述，在新犯罪概念之下，依照新刑罚报应理论，就不纯正不作为犯罪而言，实现刑罚报应正义的标准是在行为内含或理应内含的逻辑意义上，使不纯正不作为犯罪行为成为非理性的、无助于犯罪人利益实现的，从而在社会理性影响支配的范围内、在逻辑意义上排除不作为犯罪现实存在的可能性。适用刑罚的使命，即所追求的目标在于促使义务人合乎理性、合乎现实地履行自身义务，以实现义务人与被害人的共同利益最大化，使义务人与被害人的社会关系在相对意义上合乎理性。对此，可进一步作如下说明：在履行义务具有可行性和合理性，义务人却恶意或被认为恶意不履行自身的作为义务，从理性逻辑来说，这或者是因畏惧可能遭受的损害而没有履行作为义务，或者是因履行义务需要付出高昂的代价而拒不履行作为义务。在这种情况下，适用刑罚所追求的、使不履行义务行为无助于义务人利益实现的判断标准则是履行义务可能遭受损害的风险或需要付出的代价所具有的社会价值意义（而不是实际产生的现实损害）。如果适用刑罚具有的社会意义与履行义务可能遭受损害相当，则能够合乎理性地促使义务人积极履行义务，从而在社会理性影响支配的范围内、在逻辑意义上排除不纯正不作为犯罪存在的可能性。履行义务可能遭受损害的判断虽然与不作为行为引起的现实损害结果具有相关性，但二者仍是两个不同的问题。由于犯罪人、被害人是两个平等的主体，着眼于社会理性具有的影响支配能力及其应有的逻辑，在犯罪情势之下，我们能够期望的、义务人履行义务应该承受的损害或付出的代价都理应远远小于不作为行为现实引起的损害。理论上，作为义务人承担刑事责任基础的社会损害在绝对意义上不应该高于现实损害的 50%，否则就只能是对义务人作为社会平等主体正当权益的无视，进而使义务人在社会意义上绝对从属于被害人，这是只有在皇帝与臣子、奴隶与其主人之间才会存在的关系和逻辑。这自然决定了不纯正不作为犯罪的刑罚适用会远远小于以作为方式实施的相同罪名的犯罪行为。

就不纯正不作为犯罪的刑罚适用为何通常情况下远较以作为形式实施的同一罪名的犯罪轻，我们可以在逻辑上给出更严密的推证。作为义务的存在，表明义务人与权利人间的现实社会关系是合乎社会理性法则并建立在社会理性基础之上的，履行义务不仅合乎权利人的利益，而且也理应合乎义务人利益。就不纯正不作为犯罪而言，之所以在某些情势下义务人拒绝履行自身义务，这理应是也必然是由于不同于通常社会条件的偶然因素的影响或时势变迁在根本意义上影响、改变了履行义务的代价。在保姆因未能救助落水儿童致其溺亡案例中，可以体现为儿童的意外落水使保姆的救助行为面临着巨大的风险；在拒绝给幼儿喂食致其饥饿而死的案件中，则往往是幼儿先天缺陷或幼儿存在本身给母亲带来了巨大的生活压力，从而在根本意义上现实地改变了母子之间的社会关系，使社会理性对义务人与相对人间社会关系的影响支配能力大为降低。这种偶然性因素导致的义务履行条件上的改变，一方面使本应处于社会理性影响支配之下的保姆与被看护人、母与子之间的关系现实地处于自然状态之下，从而有必要将相关行为作为犯罪给予惩罚，以使之在社会理性影响支配范围内、在理性逻辑上排除不履行义务行为现实发生的可能性（虽然我们不可能在现实上排除不履行义务行为及其引起损害的存在），以使义务人与被害人间的关系在相对意义上合乎理性。另一方面，在不纯正不作为犯罪中通常存在的却在根本意义上改变了履行义务具有的价值意义的偶然因素或时势变迁，使不作为行为与其引起的社会危害之间在刑罚适用方面仅在间接意义上存在的逻辑关系根本不同于以作为形式实施的犯罪行为与其犯罪结果之间在直接意义上存在的逻辑关系。从而也就不难理解不纯正不作为犯罪的刑罚适用何以会远轻于以作为形式实施的相同罪名之下的犯罪行为。但这并不具有绝对性，对于一个生活不能自理的痴呆儿，面临巨大生活压力的母亲是选择投毒的方式使之死亡抑或选择拒绝喂食从而将其饿死，虽然在行为方式上存在作为和不作为上的差异，在量刑上却是不应该存在大的区别的。关键在于，我们应该真正理解犯罪行为自身具有的工具理性属性和社会理性属性及其具有的内在理性逻辑究竟为何，真正理解存在于犯罪人与被害人间的、在犯罪行为所涉利益上存在的对立统一关系。

2. 不纯正不作为犯罪中的作为义务的来源

不纯正不作为犯罪中作为义务的来源为何？这尽管在传统的不作为犯罪中是一个重要的理论问题，但实际上却并非如此。其原因在于：一方面，在不同的社会组织化水平之下，作为义务是否存在的答案可以是截然不同的，在纯粹的自然状态之下不可能存在权利义务，而在完美理想的社会条件之下，权利义务又是广泛且普遍存在的；另一方面，人们之间的现实关系是否合乎社会理性法则，进而是否存在作为义务在很多时候也仅仅是一个事实问题，需要就事实情况作出现实判断，而不是一个能够在理论意义上普遍性地加以解决的问题。这使得，一般而言，在理论上抽象地探讨这一问题无助于在现实上作出判断，不可能产生积极的理论意义。

虽然在一般意义上探讨不作为犯罪作为义务的来源是不必要的，但在新犯罪概念之下，就作为义务的来源，我们可以在理论上清楚地确定两点——这两点在传统的不作为犯罪理论中并没有得到有效的解决，从而具有特别重要的理论意义。

第一，就故意犯罪而言，犯罪人不存在作为义务。其原因在于，在故意犯罪情势之下，虽然犯罪人与被害人间的社会关系理应受到社会理性的影响支配，但在现实中，我们却必须承认二者间的关系是处于自然状态之下的，因而没有权利义务存在的空间。这一点也可以从相反的主张得出的荒谬结论来加以证明：如果主张故意犯罪之下犯罪人具有救助的作为义务，在犯罪人故意伤害后随即逃跑，被害人却因没有得到及时救助而死亡时，犯罪人的行为既构成故意伤害罪，也构成以不作为方式实施的故意杀人罪，从而排除故意伤害罪存在的空间，这在理论上无疑是不合理的。藉由这一自相矛盾的结果，我们证明在故意犯罪之下犯罪人没有作为义务，同时也证明了，在故意犯罪发生时，犯罪情势及犯罪人与被害人间的社会关系处于自然状态之下，从而不存在权利义务问题是正确的。

第二，在过失犯罪之下，过失犯罪人可以具有作为义务。其原因在于，过失犯罪的发生虽然在一定程度和意义上说明犯罪人与被害人间的社会关系处于自然状态之下，但不可否认的是二者间的社会关系仍是在很大程度和意义上受到社会理性法则的影响支配（正是由于二者间的关系受到社会理性的影响支配，在新的犯罪概念和刑罚报应理论之下，我们才能主张犯罪人应该承担民事损害赔偿责任），这从犯罪人的主观方面看也是明显的。这使得，着眼于社会理性，我们能够也应该期望过失犯罪人与被害人间的社会关系受到社会理性的影响支配。同时过失犯罪人与被害人间的社会关系受到社会理性法则影响支配也是合乎二者共同利益的，自然理应在现实上愿意二者间的社会关系受到社会理性法则的支配，从而犯罪人在现实中可以是具有作为义务的，典型的如在交通肇事犯罪发生时，对交通肇事人在法律上施加救助义务和在事故现场守候以说明事实的责任。在此值得注意的是，在过失犯罪使被害人受伤、被害人因没有得到及时救助而死亡的情况下，尽管我们认为在此种情况下犯罪人具有作为义务，但笔者仍反对就此以（不作为）故意杀人罪定罪，而主张适当加重过失犯罪的刑罚适用，在交通肇事罪场合则体现为适当加重交通肇事罪的刑罚。在此，刑罚量定的逻辑在于，不履行救助义务所致的被害人死亡与故意杀人罪之间存在重大区别，前者构成犯罪是因为没有适当履行职务（社会职务）及社会责任，后者是对他人生命的故意剥夺。在这两种情况下，犯罪人与被害人间在犯罪所涉利益上存在的对立统一关系是有重大区别的。在这一点上，我们可以看出这里的不作为犯罪理论与传统不作为犯罪理论间存在的根本性差异，也可以看出传统不作为犯罪理论存在的重大缺陷和问题。

三、不作为犯罪传统理论及我国相关司法实践的批判

着眼于前述对不作为犯罪进行的理论探讨，我们不难理解传统不作为犯罪理论与我国刑法实践中存在的问题。

对于不作为行为何以能够构成犯罪，即不作为的行为性问题，我国刑法理论的通说从不作为行为具有的社会价值角度看待这一问题，认为不作为之所以与作为一样能够被视为犯罪行为，在于不作为是应为而不为，它与作为在侵害一定的社会关系这一点是相同的，即具有同等的否定性价值。[1]对于不纯正不作为犯罪行为，在我国刑法理论实践中是以作为形式规定的导致同样后果的故意犯罪定罪处罚的。

德国、日本的不作为犯罪理论与我国颇为相似，但也有不同。德国、日本的通说认为，处罚不纯正不作为犯并不触犯禁止类推解释的原则。其主要论据是：从作为与不作为的性质来看，作为与不作为虽然构造不同，但是，当由不作为导致的构成要件的实现，与由作为导致的构成要件的实现具有等价性（可以同等看待）时，不管是作为还是不作为，将构成要件的实现作为处罚对象，并不属于类推解释。但其同时认为，在不纯正不作

---

　　[1]　高铭暄、马克昌主编：《刑法学》（第4版），北京大学出版社、高等教育出版社2010年版，第73页。

为犯的场合，由于欠缺作为义务的主体与内容的具体基准，容易导致处罚范围不明确，于是在刑法理论上主张不纯正不作为犯的立法化。《德国刑法》第 13 条规定："行为人不防止刑法的构成要件结果的，只有当他在法律上必须保证该结果不发生，而且该不作为与因作为而实现法定的构成要件相当时，才依法受处罚；不作为犯的刑罚可以根据第 49 条第 1 款减轻处罚。"[1]《奥地利刑法》第 2 条、《西班牙刑法》第 11 条也有类似规定。

在法国刑法理论中，虽然犯罪结果一般都是由积极行为（实行行为）引起，但有时也可以因单纯的不作为发生。值得注意的是，法国的不作为犯罪理论的处理方式与德国、日本和我国刑法理论存在很大的差别。在法国，由于旧《刑法典》没有规定，法院判例明确拒绝将"放弃不为"视为"作为"，并且拒绝承认单纯的不作为可以构成"实行的犯罪行为"。在法院看来，"放弃不为"无论如何不等于"实行而为"，对此作出另外的决定就等于要以类推的方法进行推论，而这是一种"受禁止的解释方法"。[2]事实上，法国现行刑法奉行只有在法律有明文规定的情形下，不作为才具有实行的价值，从而使当事人受到对"实行的犯罪行为"所规定的刑罚。[3]

前述不同国家在不作为犯罪理论上存在不同程度的差异，背后所反映的是人们对不作为犯罪的理解是不清晰的，我们也不难看出传统不作为犯罪理论存在的问题。问题的关键在于，传统刑法理论虽然看到不作为行为在某些情况下应该作为犯罪行为适用刑罚，但却未能认识到，虽不能在逻辑上绝对排除例外情况，但这却是在不纯正不作为犯罪行为内在逻辑中理应存在的、在义务人不履行作为义务的决定中具有重要意义的偶然因素或情势变迁的存在使然，其未能充分认识到这些偶然因素或情势变迁的存在在根本意义上改变了履行作为义务的价值意义，没有认识到这些偶然因素

---

〔1〕 张明楷编著：《外国刑法纲要》（第 2 版），清华大学出版社 2007 年版，第 96 页。

〔2〕 ［法］卡斯东·斯特法尼等：《法国刑法总论精义》，罗结珍译，中国政法大学出版社 1998 年版，第 216~217 页。

〔3〕 ［法］卡斯东·斯特法尼等：《法国刑法总论精义》，罗结珍译，中国政法大学出版社 1998 年版，第 217 页。

或情势变迁在罪刑关系中具有的意义。由此使得传统的不作为犯罪理论对不作为犯罪行为的理解并不是足够清晰的，未能认识到不纯正不作为犯罪与导致同样结果、处于同一罪名之下的以作为形式实施的犯罪行为在本质意义上存在的重大区别，二者在社会危害性与罪刑关系上都是存在根本差异的。

　　传统不作为犯罪理论上存在的问题，不可避免地会导致刑事立法、司法实践中存在诸多问题。就刑罚适用而言，着眼于不纯正不作为犯罪中理应具有或必然具有的偶然因素或情势变迁的影响，不作为犯罪与导致相同结果的以作为形式规定的犯罪之间是存在根本性差别的。这使得，就追究不纯正不作为犯罪的刑事责任而言，我国的既有刑法规定面临着是否合乎罪刑法定原则的重大挑战。就我国的刑事立法、司法实践而言，亟待解决的问题在于，需要在刑法中具体地、明确地规定在哪些情况下，在哪些具体犯罪中，不作为行为能够构成犯罪，并具体规定适用的罪名和量定刑罚的规则，以在我国的刑事司法实践中排除类推的适用，在真正意义上合乎罪刑法定原则的要求。

第九章　具体犯罪设定与刑法分则体系建构的原理

推证思路：建构刑法分则体系，在形式逻辑的本质意义上可视为对犯罪概念的逻辑划分，在现实上主要涉及两个方面的内容，一是具体犯罪及其罪刑关系的设定，二是对具体犯罪的分类、排列。传统刑法理论在刑法分则体系建构问题上主要着眼于后者却无视前者，再加上缺乏科学罪刑关系理论的支撑，现实刑法分则体系建构往往存在重大缺陷。如何将新刑罚报应理论这一科学的罪刑关系理论以适当的、合乎逻辑学原理的形式贯穿于刑法分则体系，不仅影响犯罪的分类、排列，而且影响具体犯罪的设定，是刑法分则体系建构理论需要解决的重大理论问题。

刑法分则体系，是指刑法分则根据一定的标准和准则，对所规定的各类犯罪按照一定次序排列而形成的有机统一体。建构科学合理的刑法分则体系，无论是在立法司法实践上抑或在刑法理论研究上都具有重要意义。然而我们也应认识到，各国刑法分则在犯罪设定及其分类上往往存在程度不同的差异，不仅分类标准不同，在具体犯罪的繁简与具体规定上也存在重大差异，这些都彰显出刑法分则体系建构理论上存在的重大问题。确定建构刑法分则体系应该遵循的基本原理，理解相关基本原理如何影响、支配刑法分则体系的建构，进而清楚理解具体犯罪及彼此之间的相互关系，仍是我们需要面对和解决的重大理论问题。

一、既有刑法分则体系建构的一般理论审视

完整意义上的刑法分则体系建构理论无可怀疑地需要涉及两个方面的问题：一是如何设定各种具体犯罪及其内含的罪刑关系（既涉及内容也涉及形式）；二是刑法分则应依据何种标准对各种犯罪进行分类排列，以使刑法分则体系成为一个有机联系的整体，成为一个以罪名为中心建立起来的逻辑体系。就此而言，关于刑法分则体系建构的传统刑法理论存在明显不足：既有的刑法理论仅对各种犯罪的分类和排列问题展开论述，不仅无视了第一方面的理论问题，即在理论上无视如何设定具体犯罪及其内含的罪刑关系；而且对第二方面问题的解决也不具有理论上的清晰明确性，缺乏确实的理论根据，以至于我们难以清楚明确地把握整个刑法分则体系。

刑法分则体系建构理论存在的前述缺陷，在我国刑法分则体系建构中有极为鲜明的体现。其不仅明显无视了前述第一方面的问题，即在内容、形式方面缺乏确立具体犯罪应该符合的规则依据；而且对第二方面问题的回答也存在明显缺陷。我国刑法分则体系固然在犯罪分类、排列上有自身遵循的方法、规则，但却缺乏严密的理论证成（这和其他国家颇为类似），相关的方法和规则也就很难说是建立在确定的理论基础之上，其正当合理性是值得怀疑的。一者，同类客体、直接客体何以应该被确立为各类各种犯罪分类的标准，缺乏明确的理论根据；二者，同类客体、直接客体究何所指，具有什么样的内涵是不明确的。在我国传统刑法理论中，同类客体被认为是"某一类犯罪所共同侵害的，我国刑法所保护的社会关系的某一部分或某一方面"，[1]但"我国刑法所保护的社会关系的某一方面"究何所指，"某一方面"是哪一方面，其为何被确立为分类的根据，这些问题都是不清楚、不明确的。事实上，无论是同类客休抑或直接客体，都只能是社会关系的某一方面，二者之间并不存在清晰明确的界限。直接客体虽

然在我国刑法理论中被认为是"某一种犯罪行为直接侵害而为我国刑法所保护的社会关系",但其作为一个概念,必然是具有普遍性的,可以包含多种多样的现实具体的社会关系,这些现实具体社会关系的总体必然构成"某一方面"的社会关系。这尽管在逻辑学之下是常识,但在我国目前的刑法理论界,却鲜有人明确地认识到这一点。缺乏设定犯罪应该符合的标准、规则,作为犯罪分类标准的同类客体、直接客体在概念上存在的混乱和不清晰,不可避免地会导致我国刑法分则体系建构上的混乱。

各国刑法对具体罪名的确定各不相同,刑法分则在具体犯罪的分类及体系安排上也存在很大的差异,这固然与各国刑法不同的历史发展以及各国创制和定义犯罪的系统化思路有关,但归根结底则是因为刑法分则体系建构的理论基础没有得到很好的解决。在内容方面,未能形成成熟完整的处理罪刑关系的刑罚理论,人们对犯罪、刑罚间关系缺乏准确认知,难以在本质意义上理解应该如何设定具体犯罪;这进而也决定了在刑法分则体系的形式方面,我们不可能以遵循逻辑学原理的适当形式设定犯罪、建构起确实稳定的刑法分则体系。

在新刑罚报应理论得到有效确立的情况下,我们对其内含的犯罪概念以及犯罪与刑罚之间存在的本质意义上的必然联系均具有了不同于以往的理解和认知,重新审视确定刑法分则体系建构在内容和形式方面的理论基础及其应该遵循的理论规则是必要的。

二、新刑罚报应理论如何成为刑法分则体系建构的理论基础

依新刑罚报应理论,我们在观念上将犯罪行为造成的损害分为两个互补的部分:犯罪行为在犯罪情势处于自然状态的程度和意义上造成的损害(在这一意义上,犯罪人利益与被害人利益是矛盾对立的,犯罪行为具有或理应具有的工具理性属性使其能够有效实现犯罪人利益),及犯罪行为在犯罪情势处于理想完美社会状态的程度和意义上造成的损害(在这一意义上,犯罪行为具有了与其工具理性属性在对立意义上并存的社会理性属性,能够改变或限制犯罪行为对犯罪人具有的价值意义,使犯罪人利益与被害人利益在现实上具有了统一性，从而使犯罪行为成为非理性的、不可能实现行为人利益的）。相应地，就犯罪行为造成的前述两部分损害，依据平等原则，在互补的意义上存在刑事责任和民事责任的对立。就犯罪行为在犯罪情势处于自然状态的程度和意义上产生的损害，藉由刑罚报应追究犯罪人刑事责任；而对于犯罪行为在受到社会理性有效支配的程度和意义上造成的损害，在相应程度和意义上，犯罪情势处于理想完美社会状态，犯罪人虽然仍应承担刑事责任，但考虑到该部分损害受到社会理性的有效支配，从功利角度看，这一部分损害的刑事责任却是能够，也理应由民事责任替代的，从而成为犯罪人就犯罪造成的损害承担民事责任的根据。

　　着眼于社会组织化水平在罪刑关系中具有的意义，从另一角度看，是着眼于犯罪行为工具理性属性和社会理性属性在罪刑关系中具有的意义，新刑罚报应理论在犯罪与刑罚之间建立起了本质意义上的必然联系，实现了功利与报应的统一。考虑到刑法分则体系建构的最重要目的是为现实犯罪的刑罚适用提供标准和依据，新刑罚报应理论何以在内容方面应该成为刑法分则体系建构的理论基础也就不难理解了。刑法分则对各种犯罪及其法定刑的设定，是科学的罪刑关系理论的具体化，理应体现或反映为科学的罪刑关系理论所揭示的、存在于犯罪与刑罚间的本质联系。而刑法分则作为具体犯罪，也即具体罪刑关系的体系化，理应以内在于犯罪、刑罚的本质属性及二者间的本质联系为根据和对象。唯其如此，才能排除各种偶然因素的影响，合乎理性地确立起稳定确实的刑法分则体系，这自然使刑法分则体系建构理应以科学的罪刑关系理论为基础。于是，我们也就不难理解，体现犯罪与刑罚间本质联系，内含对犯罪行为本质特征理解的新刑罚报应理论何以能够成为也理应成为我们建构刑法分则体系的理论基础。在刑法分则体系建构中，作为科学的罪刑关系理论的新刑罚报应理论，内在地决定了作为现实刑罚适用标准和依据的具体犯罪应如何设定，如何以特定的形式呈现出来，这自然能够影响决定刑法分则体系和刑法分论呈现出来的基本样貌。

三、逻辑学原理如何成为刑法分则体系建构的理论基础

逻辑学是研究用于区分正确推理与不正确推理的方法和原理的学问。[1]科学是作为体系的知识整体,而不单是其堆积物。科学要求一种系统的、按照深思熟虑的规则编成的知识。

刑法分则体系的重要内容是在犯罪与刑罚之间确立起本质意义上的必然联系,以为现实犯罪的刑罚适用提供标准和依据,使科学的罪刑关系理论在现实的立法司法实践中得到实现,而这只有在恰当的形式之下才能得到很好的实现。这决定了刑法分则体系的建构在形式上必须遵循相关的逻辑学规则,相关的逻辑学原理也就在必然意义上构成了刑法分则体系建构的理论基础。

(一) 逻辑学原理在刑法分则体系建构中何以成为重要问题

刑法分则体系建构需要遵循逻辑学原理是不言自明的,但在传统刑法学中,却很少见到专门理论探讨刑法分则遵循逻辑学原理、合乎形式逻辑的理论问题。之所以在这里将其作为基础性理论问题给予特别重视和关注,是着眼于传统刑法分则体系建构中在形式逻辑上不可避免地存在的重大缺陷。在既有的刑法分则体系建构过程中,由于缺乏科学、成熟罪刑关系理论的支持,人们对作为刑法分则体系内容的具体犯罪的设定和分类排列上不可避免地会存在诸多盲目性,在逻辑形式上存在重大缺陷是必然的。不可否认,既有的刑法分则体系虽然都是依照一定的形式规则建构起来的,合乎形式逻辑也是刑法分则体系建构的一项重要内容。但由于缺乏成熟完善的罪刑关系理论支持,从另一角度看由于对犯罪、刑罚的本质缺乏明确的认知,规定内含犯罪与刑罚间本质必然联系的具体犯罪自然是难以实现的,这导致具体犯罪及其罪刑关系的设定因没有明确的内在根据而在内容上缺乏明确清晰性。这自然导致具体犯罪设定在内容上失去了明确

---

〔1〕 〔美〕欧文·M. 柯匹、卡尔·科恩:《逻辑学导论》(第13版),张建军等译,中国人民大学出版社2014年版,第7页。

的目标和标准，我们也就难以想象刑法分则体系在形式意义上应该合乎的规则和标准，既有刑法分则体系在逻辑形式上往往存在重大缺陷是必然的。有鉴于此，为使新刑罚报应理论作为内容在刑法分则体系中得到有效的贯彻落实，以为现实犯罪的刑罚适用提供明确的标准和依据，研究刑法分则体系应该遵循的逻辑形式规则是非常有必要的。

（二）刑法分则体系建构理应遵循、值得重视的逻辑学原理

建构刑法分则体系所应遵循的逻辑学原理是多方面的，对此进行全面的论述既不可能，也不必要。这里所要探讨的、构成刑法分则体系理论基础的逻辑学原理，是在将作为科学罪刑关系理论的新刑罚报应理论切实有效地体现、贯彻于刑法分则体系中应该遵循的逻辑学原理，或者是有助于我们正确理解具体犯罪及其现实适用的逻辑学原理。这主要涉及与具体犯罪设定紧密相关的三个方面内容，即概念、概念的定义和概念的逻辑划分。对于这三方面的内容，考虑到新刑罚报应理论及其蕴含的一般犯罪概念业已得到确立，我们在此也不做全面的介绍，而仅限于对实现上述目的重要者。

1. 逻辑学上的概念

在刑法分则体系中恰当地设定具体犯罪，首先有必要在逻辑学上理解什么是概念。

一切知识，不是直观就是概念。直观是个体的表象，概念是普遍的表象。单就形式而言，与直观相反，概念是一种普遍的表象，是可以包含在各个不同客体表象中的表象。表象的产生以对事物区别的反思和抽象为基础，相应地，这些事物可以由这一表象来标明。逻辑学所关注的，不是概念如何通过特征来规定对象物，而只是概念如何能够藉由内涵的特征同诸多对象物相关，如何能够作为判断、推理所要求的形式存在。[1]

每一概念，都包含在事物的表象中，就此而言，任何概念都有内涵；相应地，概念内涵由概念指谓的所有对象共有且仅为这些对象特有的属性

---

〔1〕　[德] 康德：《逻辑学讲义》，许景行译，商务印书馆 2010 年版，第 89、91 页。

构成。[1]概念内涵包括的属性是概念必然具有的属性，是概念具有的本质特征或属性；概念藉由内涵特征构成的表象与其表象的事物紧密相关，并区别于其他事物。而作为知识的根据，亦即作为特征，都将这些事物包含于其下——包含于其下的一切事物都能由此概念来表象，就此而言，任何概念都有外延。概念之所以具有有用性、普遍性或普遍有效性，正在于概念是知识的根据。

在自身之下尚有其他概念的概念称为较高概念，相对地，那些其他概念称为较低概念。就其较低概念而言，较高概念称为属；就其较高概念而言，较低概念称为种。由持续的逻辑抽象不断产生较高的概念，反之，由持续的逻辑规定不断产生较低概念。

如较高概念和较低概念那样，属、种概念的区别是仅就概念相互间的逻辑从属关系而言的。在属和种的系列中，虽然有可以不再是种的属，但着眼于连续性法则，即没有不再包含其他种于其下的最低概念或最低的种（因为这样的概念不可规定），也没有最近的种。[2]

2. 概念的内涵定义

定义总是对符号而非对象的定义，只有符号具有定义能够说明的意义。我们称被定义的符号为被定义项，用来说明被定义项的符号或符号串称为定义项。定义项不是被定义项的意义而是与被定义项有相同意义的符号。[3]

概念的内涵，由概念指谓的所有对象共有，且仅为这些对象特有的属性构成。[4]一般来说，概念之所以具有稳定的意义，乃是因为对任何对象

---

〔1〕[美]欧文·M.柯匹、卡尔·科恩：《逻辑学导论》（第13版），张建军等译，中国人民大学出版社2014年版，第116页。另参见[德]康德：《逻辑学讲义》，许景行译，商务印书馆2010年版，第93页。

〔2〕[德]康德：《逻辑学讲义》，许景行译，商务印书馆2010年版，第93~95页。

〔3〕[美]欧文·M.柯匹、卡尔·科恩：《逻辑学导论》（第13版），张建军等译，中国人民大学出版社2014年版，第102页。

〔4〕[美]欧文·M.柯匹、卡尔·科恩：《逻辑学导论》（第13版），张建军等译，中国人民大学出版社2014年版，第116页。

来说，在决定其是不是某概念外延的一部分时，我们都同意使用同样的标准，即具有确定的内涵。就定义之目的而言，这是内涵最重要的含义。

概念的内涵定义是逻辑学的重要内容。定义表明概念的意义，理解普遍性概念的意义就是知道怎样使用它。概念可以多种方式定义，在新刑罚报应理论及与其具有内在一致性的一般犯罪概念得到确立的情况下，就其构成刑法分则体系建构逻辑学理论基础而言，概念定义的重要内容是着眼于内涵的概念定义。

属加种差的定义方式是内涵定义的重要方式之一，也称分析定义。一个类就是具有某些共同特征事物的一个汇集，所以给定的属的所有元素都具有某些共同的特征。一般地，一个给定的属的所有种的元素共享某些属性，这些共享属性使它们成为该属的元素，但是，任何一个种的元素都进一步共享某些属性，而这些属性将它们与该属的任何其他种的元素区别开来，这种用来区分它们的性质叫种差。[1]

在通过属加种差方法提出定义时，定义应当揭示种的本质属性，应当表明被定义种（概念）的、区别于他种的内涵。概念内涵不必是它所指谓事物的内部特征，它很可能与这些事物的起源有关，或者与它们跟其他事物的关系有关，或者与它们的用法有关。[2]

通过属加种差方法构建一个好的定义绝不是一个简单的工作。不仅要求选择适当的属，并要求识别出最有用的种差（在具体犯罪中就是能够影响罪刑关系，能够确定地与其他犯罪区别开来的行为特征）。

3. 概念的划分

概念的逻辑学划分是促成知识（体系）完备的重要方法，相关原理构成刑法分则（罪名）体系建构的理论基础。

任何概念都包含一致而又不同的杂多于其下。对包含于一概念之下的

---

〔1〕　［美］欧文·M. 柯匹、卡尔·科恩：《逻辑学导论》（第13版），张建军等译，中国人民大学出版社2014年版，第119页。

〔2〕　［美］欧文·M. 柯匹、卡尔·科恩：《逻辑学导论》（第13版），张建军等译，中国人民大学出版社2014年版，第120~121页。

一切相互对立、彼此相异东西的概念规定，叫作这一概念的逻辑划分。[1]在概念的划分中，划分的是概念的范围，考察的是包含于概念下的事物。

在概念划分中，较高概念是被划分概念，也称为属；较低概念是划分支，也称为种。通过划分，我们从较低概念上升到较高概念，又从较高概念下降到较低概念。[2]这里的较高概念与较低概念、属与种总是相对而言的，其区别是仅就概念相互间的逻辑从属关系而言的。

在属和种的系列中，虽然有可以不再是种的属，但着眼于连续性法则，既没有不再包含其他种于其下的最低概念或最低的种（因为这样的概念不可规定），也没有最近的种。

用于不同意图的概念的不同划分，叫作同分，划分支的划分叫作再分。再分在理论上可以无限地进行下去（但相对来说其却可以是有限的）。同分也可以无限地进行，特别是在经验概念中。[3]就此而言，犯罪的分类很大程度上具有随意性，无论是对于类罪抑或对于具体犯罪来说均是如此，将刑法中的一个具体犯罪规定为两个或多个犯罪并不违背逻辑学原理。

在概念的划分中，应遵循的规则包括：①诸划分支藉由矛盾对立而相互对立或自相排斥；②诸划分支同属于一个较高概念之下；③所有划分支的总和，等同于被划分概念的范围。[4]

作为刑法分则体系建构紧密相关的两个方面，无论是具体犯罪的设定，抑或对具体犯罪的分类、排列，在逻辑学上都必然涉及概念、概念定义和概念划分，相关原理作为刑法分则建构的理论基础，对于我们将新刑罚报应理论所确定的罪刑关系贯穿于刑法分则体系，理解刑法分则体系以及具体犯罪在刑法分则体系中的地位及其与其他犯罪之间的关系都具有至关重要的意义。

---

〔1〕［德］康德：《逻辑学讲义》，许景行译，商务印书馆 2010 年版，第 141 页。
〔2〕［德］康德：《逻辑学讲义》，许景行译，商务印书馆 2010 年版，第 141~142 页。
〔3〕［德］康德：《逻辑学讲义》，许景行译，商务印书馆 2010 年版，第 142 页。
〔4〕［德］康德：《逻辑学讲义》，许景行译，商务印书馆 2010 年版，第 142 页。

四、如何现实地建构刑法分则体系

就现实地建构刑法分则体系而言，将新刑罚报应理论及相关的逻辑学原理明确地确立为刑法分则体系建构的理论基础固然具有重要意义，但仍有紧密相关的两个方面的理论问题需要解决，即如何遵循前述理论设定具体犯罪以及如何对具体犯罪进行分类排列。相较而言，为传统刑法理论无视的具体犯罪的设定在刑法分则体系建构中具有更为重要的地位，一者，具体犯罪的设定本身就是犯罪分类的表现形式，因为其本身就是一类犯罪，是包括无数可能的现实犯罪行为于其下的；二者，犯罪的分类、排列只能是对具体犯罪的分类排列，这只能建立在对具体犯罪理解的基础之上。要理解具体犯罪，特别是就刑法分则体系建构而言，我们就必须知道具体犯罪是如何设定的。

（一）如何设定具体犯罪

1. 设定具体犯罪应遵循的形式规则

就刑法分则对各种具体犯罪（包括类罪和个罪，但个罪无疑具有更为重要的地位）的设定而言，在形式上，我们可以将其视为对与新刑罚报应理论具有内在一致性的一般犯罪概念的逻辑划分。就此而言，一方面，对于如何设定具体犯罪，我们有必要将其置于犯罪总体中加以考虑；另一方面，我们可以通过逻辑学上属加种差的方式定义、设定具体犯罪。相应地，前文对犯罪概念的定义"在受到或理应受到社会理性法则影响支配的情势下，对于违背平等原则、恶意损害他人利益的行为，在社会理性不能有效调整行为双方间社会关系的程度和意义上，行为应被视为犯罪行为；对于犯罪行为，应依平等原则对犯罪人施加刑罚"，作为具体犯罪的属概念具有的内涵，成为我们设定、定义具体犯罪的基础和前提，构成了我们对具体犯罪理解的必不可少的一部分。

刑法分则对各种具体犯罪的设定，在内容上是以适当的合乎逻辑学规则的形式将科学的罪刑关系理论具体化，理应体现并反映为新刑罚报应理论所揭示的存在于犯罪与刑罚间的本质联系；这内在地决定了刑法分则对具体犯罪及其法定刑的规定具有三个方面的特征，或者说应符合以下三个方面的形式规则。

第一，作为具体犯罪内涵本质特征的行为特征或属性，只能是客观现实的事实特征。行为是否构成犯罪，在构成犯罪时应在何种程度和意义上适用刑罚，都只能建立在行为的客观事实基础之上。着眼于理性，只有犯罪行为的客观事实能够影响支配刑罚的现实适用，这决定了只有行为的客观事实特征才能成为具体犯罪的本质特征或属性。这意味着，对犯罪行为所侵害的利益在法律上具有的意义，如犯罪行为侵害的法益（合法利益）、直接客体、同类客体，都不应成为具体犯罪内涵的本质属性，不能成为具体犯罪构成要件的一部分（我国刑法理论上将直接客体视为犯罪构成要件的一部分，就此而言是不恰当的）。

第二，作为具体犯罪内涵本质特征的行为特征或属性，是直接影响该具体犯罪法定刑设定的行为特征或属性。刑法分则就具体犯罪规定的行为特征或属性，作为该类犯罪行为必然具有的属性，以及该具体犯罪概念内涵的本质特征，能够现实地影响罪刑关系的行为特征或属性，直接影响具体犯罪法定刑的设定。与此对应，与罪刑关系无关、对刑罚适用不具有意义的行为事实特征，不应该作为具体犯罪的内涵属性加以规定。着眼于新刑罚报应理论，作为具体犯罪内涵本质特征的行为特征或属性可以分为两个类型。其一体现为对他人（国家、社会或个人）利益的现实损害（包括依犯罪行为的内在逻辑会造成的利益损害），如故意杀人罪是对他人生命的剥夺，盗窃罪是对他人财物的现实占有，危险驾驶罪是对他人人身、财产可能造成的损害等。其二体现为其他以不同方式、在不同程度和意义上体现或影响犯罪行为具有的社会理性属性和工具理性属性的事实特征（如前所述，这两种理性属性在彼此矛盾对立意义上紧密相关，反映犯罪人与被害人在犯罪所涉利益上存在的对立统一关系，反映出犯罪情势的社会组织化水平），这些事实特征既涉及内在于犯罪行为自身的行为事实特征，也涉及影响犯罪行为价值意义的外在犯罪情势具有的事实特征，如故意杀人犯罪中的主观故意，盗窃犯罪中的主观故意和对财物秘密窃取的行为方式，战时拒绝、逃避征召、军事训练罪中的战时等，这些行为属性或者体现出犯罪行为的工具理性属性，或者在相对意义上体现出犯罪行为具有的社会理性属性，反映出社会理性在不同程度和意义上对犯罪行为具有影响支配能力或现实地发挥了影响支配作用。

第三，作为具体犯罪内涵本质特征的行为特征，在我们将其置于犯罪行为进行整体考察时，必须是合乎行为理性与行为内在逻辑的。这是建构逻辑清晰的刑法分则体系的必然要求，但在传统刑法理论中却在很大程度上被无视。逻辑清晰的刑法分则体系就具体犯罪规定行为特征，作为该具体犯罪内涵的本质特征，一方面必须使该具体犯罪与其他犯罪在本质意义上相互区别开来，使彼此之间只能在矛盾对立、自相排斥意义上存在；另一方面使所有具体犯罪的总和（接近）等同于一般犯罪概念的总体。为实现这一点，刑法分则绝不能随意规定赋予具体犯罪的内涵特征，不能是该具体犯罪仅仅在偶然意义具有的行为属性，不应使该具体犯罪与其他犯罪包括的现实犯罪彼此重叠（就此而言，法条竞合是不应存在的）。这意味着，在我们将行为特征置于犯罪行为进行整体考察时，必须是合乎行为理性及行为内在逻辑的。而是否合乎行为理性及行为内在逻辑的标准，只能以行为所属时代普通犯罪人实施该类犯罪行为时的应有行为逻辑为标准。唯其如此，我们才能在理性基础上，着眼于犯罪行为本质属性将不同犯罪相互区别开来，才能建立起逻辑清晰的刑法分则体系，才能逻辑清晰地将具体犯罪适用于现实的刑事司法实践。

作为本质特征，具体犯罪内涵的行为特征或属性必须是合乎行为理性及犯罪行为内在逻辑的，这在传统刑法理论与刑事立法司法实践中却常常被无视，是刑法分则体系建构理应遵循的规则，是新刑罚报应理论的必然推论。在新刑罚报应理论之下，作为适用刑罚前提和基础的犯罪行为被假定或推定为合乎工具理性，只有在符合这一条件的情况下，犯罪行为才能具有现实性，才能具有确实的稳定性，才能在犯罪与刑罚之间建立起本质意义上的必然联系。如此，我们也就不难理解，行为特征只有合乎行为理性、合乎行为逻辑从而有利于实现行为利益，才能是行为具有的本质特征，才能被视为具体犯罪概念内涵的属性。

为清楚地说明上述规则，我们以两个罪名为例进行说明。首先，以较为简明的强迫交易罪为例。着眼于强迫交易罪的法定刑，强迫交易罪中的强迫行为不可能涵括故意造成重伤、死亡结果的情况，一般来说人们不会就此产生错误认知。但若着眼于刑法分则体系建构理论来分析，则在逻辑上可以是更为清晰的——在当今时代，故意造成重伤或死亡结果在实现强迫交易的犯罪目的过程中是过分的，是违背强迫交易行为理性属性或行为逻辑的（在原始自然状态的社会条件下，即使强迫交易行为造成对方死亡，也不会存在不正当、不合行为逻辑的问题），从而我们不能将故意造成重伤或死亡作为强迫交易罪的内涵本质特征。其次，为显示这一理论规则在实践中具有的意义，我们以较为复杂的抢劫罪的内涵特征来说明，借以展示这一理论规则在立法司法实践中具有的意义。对于为强行劫取他人财物而当场故意杀死被害人的犯罪行为，有观点认为应以抢劫罪和故意杀人罪实行并罚，也有观点认为应定抢劫罪一罪。2001 年 5 月 23 日最高人民法院公布的《关于抢劫过程中故意杀人案件如何定罪问题的批复》规定，行为人为劫取财物而预谋故意杀人，或者在劫取财物的过程中，为制服被害人的反抗而故意杀人的，以抢劫罪定罪处罚。着眼于上述规则，最高人民法院批复采取的观点是值得商榷的：为抢劫财物而当场实施暴力或以暴力相威胁，着眼于当今社会现实状况，造成伤害就足以完成对财物的当场劫取，从而自然构成了抢劫罪内涵的本质特征。相对而言，以故意杀人实施对财物的劫取明显是过分的、不必要的，不合行为逻辑的——在抢劫过程中实施故意杀人行为虽然可能发生，但却仅仅在偶然意义上是可能的，不是抢劫犯罪必然具有的行为特征，不应作为抢劫罪内涵本质特征的一部分，我们有必要在本质意义上将普通抢劫行为与以故意杀人方式实施的抢劫行为区分为两类不同的犯罪行为。着眼于前述对强迫交易罪的逻辑推理，我们不难理解这一点。如果将故意杀人作为抢劫罪内涵特征的一部分，我们不可能清楚地区别故意杀人罪与抢劫罪，进而造成抢劫罪与故意杀人罪不必要的重叠，不可能得到逻辑清晰的刑法分则体系；而如果对抢劫罪配置与故意杀人罪相当的法定刑，必将使抢劫罪法定刑不必要地加重了，这同样是不恰当的。

2. 如何着眼于现实设定具体犯罪

尽管我们确定性地解决了具体犯罪设定应该遵循的形式规则，但由于社会现实的复杂性和人们理性的有限性，确定性地在理论上解决具体犯罪的设定是不可能的。尽管如此，着眼于新刑罚报应理论，影响具体犯罪设定的现实因素虽然是多方面的，但其中最重要者在于体现社会理性对犯罪行为的影响支配能力，影响犯罪行为社会理性属性的社会组织化水平在具体犯罪设定中具有的意义。

着眼于社会组织化水平在罪刑关系中具有的意义，就具体犯罪的设定，我们可以明确以下几点。首先，社会发展水平能够影响犯罪圈大小。由于社会理性影响支配能力上存在的重大差异，在发展水平较高的社会不应被视为犯罪的行为，在发展水平较低的社会有可能被视为犯罪行为。其次，社会发展水平会影响设定具体犯罪的数量，较高的社会发展水平，要求对不同犯罪进行更为细微的区分，意味着需要更多的罪刑关系设置。最后，较高的社会发展水平，意味着社会理性对犯罪行为具有更大的影响支配能力，与此相适应，行政刑法在刑法体系中就具有了更为重要的意义，在刑罚适用中更能反映、适应社会理性影响支配能力的罚金刑在法定刑设置中就具有了更为重要的意义。

（二）刑法分则具体犯罪分类排列应遵循的理性规则

着眼于不同目的和不同的分类标准，我们可以对犯罪进行不同的分类，并且在理论与实践中有无数种方法可供选择。但就建构稳定、确实、逻辑清晰的刑法分则体系而言，犯罪的分类标准只能着眼于各个具体犯罪概念内涵的本质属性，着眼于与犯罪概念具有内在一致性的新刑罚报应理论确定具体犯罪罪刑关系的内在逻辑。

由于具体犯罪内涵的本质属性总是多方面的，在选择并确定犯罪内涵的本质属性作为建构刑法分则体系对犯罪分类、排列的依据时，我们就不得不考虑哪一行为特征是较能够显著地将不同犯罪区别开来的，其又是如何影响法定刑设定的。为此，我们不得不考虑具体犯罪内涵本质属性的客观性及其在确定罪刑关系中具有意义的重要性，来确定被选作建构刑法分则体系犯罪分类排列依据标准的先后次序。

1. 犯罪的现实损害应被作为刑法分则犯罪分类排列的首要标准

（1）犯罪现实损害何以应被作为刑法分则分类排列的首要标准？

根据新刑罚报应理论，着眼于具体犯罪内涵本质属性的客观明确性及其在确定罪刑关系中具有的重要意义，首先应该被选作刑法分则体系犯罪分类标准和排列依据的是犯罪行为对他人（国家、社会或个人）利益造成的现实损害（包括依犯罪行为的内在逻辑会造成的损害）。如前所述，着眼于新刑罚报应理论，作为具体犯罪内涵本质特征的行为特征或属性可以区分为两个类型：一是体现对被害人利益造成的现实损害；二是其他以不同方式、在不同程度和意义上体现出或影响犯罪行为具有的社会理性属性和工具理性属性的事实特征。这些事实特征藉由犯罪行为社会理性属性和工具理性属性体现犯罪情势的社会组织化水平，体现犯罪人与被害人间社会关系在犯罪所涉利益上存在的对立统一关系，从另一角度看体现犯罪人、被害人就犯罪行为造成的损害应该承担的责任，进而成为犯罪人承担刑事责任和民事责任的现实根据。两相比较，前者应被首要地作为刑法分则体系犯罪分类排列的标准和依据。一方面，犯罪行为造成的现实损害不仅具有客观性，而且是所有犯罪都具有的本质属性（行为总是内含结果的，犯罪造成的损害作为结果直接内在于犯罪行为），没有现实损害（包括可以预见的损害）存在就不可能有犯罪存在。具体犯罪内涵的其他本质特征总是由多个特征共同体现出犯罪行为是如何现实发生的，具有复杂性，不可能如犯罪现实损害那样具有简单性和客观明确性——或者其判断具有主观性（就犯罪概念内涵的、所有犯罪都应具有的主观恶意来说，现实犯罪行为有许多实际上是并无恶意的，部分只是出于错误实施的，实际上并无恶意，恶意仅仅是推定的结果，严格责任或无过失责任的存在就是明证）；或者虽然具有客观性，但却并不是所有犯罪都具有的属性（如对犯罪人特定身份的要求）。就此而言，将犯罪行为造成损害作为刑法分则犯罪分类排列的首要标准和依据具有明显的优势。

而从另一方面看，在更为根本的意义上，犯罪造成的损害现实地在自然意义上改变或影响了犯罪人与被害人间的社会关系，是刑事责任和民事责任承担的现实基础和直接对象。着眼于新刑罚报应理论，我们也不难理解具体犯罪的这一内涵本质特征在罪刑关系确定中具有较其他内涵本质特征更为重要的意义。在犯罪造成的现实损害之外，具体犯罪内涵的其他本质特征虽然也会影响刑事责任的承担以及法定刑的设定，但它们对具体犯罪刑事责任和法定刑设定的影响并不具有直接性，我们只有在观念上与其他本质特征相结合，将其归属于犯罪行为工具理性属性或社会理性属性之下，看到相关特征在理解犯罪人与被害人就犯罪所涉利益存在的对立统一关系中具有的意义，才能清晰地考察其对具体犯罪刑事责任确定和法定刑设定具有的意义，这必然是间接性的。

（2）犯罪造成的现实损害究何所指？

作为建构刑法分则体系及解决犯罪分类的标准，"犯罪造成的现实损害"所关注的不是犯罪对公共利益的损害，而是犯罪对被害人个人利益的损害，这里的"个人"包括自然人、法人、种族、国家、国际组织、国际社会等。所有的犯罪行为都是损害社会整体利益而违背社会理性法则的，尽管犯罪行为因发生于社会内部、侵害其他社会主体利益而使行为具有了社会意义，与国家和社会紧密地联系在一起，但犯罪及其刑事责任在理性逻辑上却只有在犯罪情势处于自然状态的程度和意义上才有存在的空间。这使得，在理性逻辑上，能够受到犯罪行为损害进而成为犯罪人承担刑事责任根据的只能是与犯罪人相对立且又处于平等地位的个人的利益。必然地，"犯罪所造成的损害"作为建构刑法分则体系进行犯罪分类的标准，所关注的并不是犯罪对公共利益的损害，而只能是犯罪对被害人个人利益的损害。

2. 犯罪的其他本质特征如何作为犯罪分类排列的依据

着眼于新刑罚报应理论，在犯罪行为内涵的现实损害特征之外，具体犯罪内涵的其他本质特征在次要意义上成为犯罪分类排列的依据和标准。

这些具体犯罪内涵的其他本质特征以不同方式、在不同程度意义上体现犯罪情势的社会组织化水平。从另一层面看是体现出或影响犯罪行为具有的社会理性属性和工具理性属性——这两种理性属性在彼此矛盾对立意义上紧密相关，反映犯罪人与被害人在犯罪所涉利益上存在的对立统一关系，并借此在间接意义上影响犯罪人刑事责任承担和法定刑的设定。这些事实特征在不同犯罪中以不同形式表现出来，既涉及内在于犯罪行为自身的行为事实特征，如犯罪主观方面的故意、过失、犯罪目的、犯罪动机，犯罪客观方面的具体行为方式如秘密窃取、以暴力相威胁等；也涉及影响犯罪行为价值意义的外在犯罪情势具有的事实特征，如战时拒绝、逃避征召、军事训练罪中的战时等。这些行为属性或者体现出犯罪行为的工具理性属性，或者在相对意义上体现出犯罪行为具有的社会理性属性，反映出社会理性在不同程度和意义上对犯罪行为具有影响支配能力或现实地发挥了影响支配作用。

在现实损害之外的具体犯罪内涵的其他本质特征，均能够成为区分不同犯罪的根据，但相较而言，犯罪的主观方面（包括主观罪过、目的、动机）及作为主观方面外在表现形式的犯罪行为方式（二者理应是具有同一性的）具有更为重要的意义。犯罪的主观方面（包括主观罪过、目的、动机）及作为主观方面外在表现形式的犯罪行为方式现实地体现了犯罪人是如何处理其与被害人在犯罪所涉利益上存在的对立统一关系的，最集中地表现了犯罪行为具有的工具理性属性和内涵的社会理性属性，表现出犯罪人与被害人在犯罪所涉利益上存在的对立统一关系，不同程度和意义上影响了罪刑关系和法定刑的设定，从而在犯罪分类中具有较为重要的意义，成为区分不同犯罪的重要根据，如抢劫罪与盗窃罪、敲诈勒索罪间的区分。事实上，在犯罪主观方面和客观外在犯罪行为方式之外，凡是能够影响罪刑关系和法定刑设定的事实特征，都可以在现实上成为我们建构刑法分则体系过程中确立具体犯罪、区分不同犯罪的根据，只是相较而言具有更为次要的地位。

基于前述犯罪分类标准对犯罪进行分类，不仅涉及不同层次类罪的区分，而且涉及具体犯罪的确定，甚至涉及同一罪名之下不同犯罪情节罪刑关系的确定。在我们根据犯罪侵害利益的重要性，着眼于具体犯罪其他本质特征，借以确定该具体犯罪具有的工具理性和社会理性属性，确定犯罪人与被害人间就犯罪所涉利益存在的对立统一关系，进而根据其所体现犯罪的社会危害性对各具体犯罪进行分类排列时，刑法分则就具有了基本的框架。而在我们进而根据过失犯罪与相应的故意犯罪之间的相似性，将过失犯罪置于相关的故意犯罪之后时，一个完整意义上的刑法分则体系就得以建构起来了。如此，我们就使所有的犯罪都能找到各自在刑法分则体系中的位置，都能够作为分则体系的有机组成部分而存在，从而更易于发现和消除罪与罪之间的交叉重叠及不合理的等级差异，确保不同犯罪的法定刑反映出各自不同的社会危害性，同时也便利了法典的使用。

不可否认，至今尚无有意识地严格依照上述标准建构起来的刑法分则体系，但许多国家刑法分则体系的建构都体现了前述规则。《美国模范刑法典》相当于刑法分则的第二编"具体犯罪的界定"中，其对具体犯罪的排列客观上与上述标准高度一致，这在间接意义上证明了前述刑法分则体系建构理论规则的正当合理性。该法典第二编依概念安排犯罪种类，区分为以下六个部分：涉及州的生存及安全的犯罪；涉及人身安全的犯罪；侵犯财产的犯罪；侵害家庭的犯罪；侵害公共管理的犯罪；侵害公共秩序和有伤风化的犯罪。每个一般概念内再细分犯罪至下一相关种类，如涉及人身安全的犯罪被细化为四节：杀人罪，伤害、使人处于危险状态和恐吓，绑架及相关犯罪，性犯罪。对于各节中的具体犯罪，进一步区分不同情况适用不同的法定刑。此外，日本、德国等国家的刑法分则体系也都以不同方式体现了前述刑法分则体系建构的规则。

我国刑法分则并未着眼于犯罪所侵害的被害人利益，而是着眼于犯罪所侵害的社会关系所属领域上存在的差异对犯罪进行分类，事实上是着眼于犯罪所侵害的社会公共利益，而不是着眼于犯罪侵害的个人利益对犯罪进行的分类，这导致了刑法分则体系上的混乱，我国刑法分则体系存在的问题大多与此有关。笔者在此仅提两处：一者，表现为我国刑法规定了多个诈骗犯罪，如集资诈骗罪、贷款诈骗罪、票据诈骗罪、金融凭证诈骗罪、信用证诈骗罪、信用卡诈骗罪、有价证券诈骗罪、保险诈骗罪、诈骗罪、合同诈骗罪等，其被分别规定在不同的章节中，如此规定不同种类的诈骗犯罪其必要性何在呢？有无必要规定更多的诈骗犯罪？二者，我国刑法分则的分类排列标准没有做到贯彻始终，犯罪客体作为我们刑法分则犯罪分类排列的标准被分为三个层次：一般客体、同类客体和直接客体。同类客体、直接客体分别作为区分各章、各具体犯罪的标准，但对于刑法分则第三章、第六章各节规定犯罪的区分标准却是不明确的，缺乏理论根据。根据新的刑罚理论重新审视确立建构我国刑法分则体系的标准、规则是必要的。

第三篇

新刑罚报应理论的实践运用

第十章　新刑罚报应理论有效性现实考察

新的理论，特别是具有革命性意义的理论，最初总是难以被人们接受，哥白尼的日心说、牛顿的万有引力定律、爱因斯坦的相对论无不如此。曾几何时，牛顿的万有引力定律就被认为是荒谬绝伦的，许多人深信一个物体不可能隔空对另一物体施加作用力，人们无法想象远在浩瀚太空的太阳或月亮如何能够对地球施加引力。

考虑到人们接受新理论在观念、思维习惯上存在的障碍，对于前文所建构的新刑罚报应理论进行现实有效性考察，进而分析诸多刑罚理论和实践中面临的问题，借以进一步展示新刑罚报应理论的内容及其合理性与有效性，以求有助于人们对新刑罚报应理论的理解和接受。

新刑罚报应理论考虑到犯罪情势社会组织化水平对罪刑关系具有的意义，着眼于犯罪行为理性属性、基于平等原则对罪刑关系的处理，不仅阐明了在何种意义上应当依据报应来适用刑罚，而且阐明了刑事责任与民事责任间的互补关系，进而实现了刑罚报应与功利在理论上的统一。新刑罚报应理论作为重要的理论工具，必然能够使我们对刑法理论及实践中的诸多疑难问题有更好的理解和解决。

一、新刑罚报应理论有利于对具体犯罪的理解

新刑罚报应理论不仅揭示了犯罪行为何以能够现实发生，犯罪情势社

会组织化水平如何能够影响犯罪行为的工具理性属性，而且阐明了犯罪情势社会组织化水平何以能够影响现实的罪刑关系。自然地，与无视犯罪情势组织化水平在罪刑关系中具有意义的传统刑罚理论相比，新刑罚报应理论不仅能够促进我们对一些具体罪名的认识和理解，而且能够有效地发现现实法律规定存在的问题——在此，我们以污染环境罪和抢劫罪为例说明新刑罚报应理论在具体罪名理解中具有的积极意义。

（一）基于新刑罚报应理论对污染环境罪的理解

如何认识污染环境罪的主观方面？如何处理污染环境罪与投放危险物质罪之间的关系？这在传统刑罚或刑法理论之下均是难以解决的问题，但着眼于犯罪情势的社会组织化水平，根据新刑罚报应理论，上述问题都是不难回答的。

污染环境罪的主观罪过形式究竟应该是过失、故意、抑或"混合罪过"（即兼有过失和故意），这在理论界和实务界均存在激烈争论。但应该承认，在传统刑法理论之下，每个观点都面临着难以解决的问题。首先，虽然刑法理论上的通说认为本罪主观罪过形式限于过失，[1]但现实司法实践却很少严格遵循这一观点，其面临的主要问题是：如果将污染环境罪作为过失犯罪，在我国刑法又没有特别规定故意污染环境罪的情况下，就无法把故意造成严重污染环境的行为解释为污染环境罪，其产生的结果是，对于故意造成严重环境污染的行为，或不定罪而放纵犯罪，或过于严厉地以投放危险物质罪论处，这在理论与实践上都是不可接受的。其次，将污染环境罪的罪过形式限于故意，[2]其面临的主要问题是：一方面，在传统刑罚理论之下，这将被认为是违背罪刑相适应原则的——该罪的最高法定刑仅为7年有期徒刑，与刑法中其他过失犯罪的法定刑一致，而与其他社会危害性相似的故意犯罪（典型的如投放危险物质罪）相比，其法定刑则是

---

〔1〕 参见高铭暄、马克昌主编：《刑法学》（第 8 版），北京大学出版社、高等教育出版社 2017 年版，第 585 页；陈兴良主编：《刑法学》（第 3 版），复旦大学出版社 2016 年版，第 498 页；黎宏：《刑法学各论》（第 2 版），法律出版社 2016 年版，第 442 页。

〔2〕 参见张明楷：《刑法学》（下）（第 5 版），法律出版社 2016 年版，第 1131 页。

明显过于轻缓的；另一方面，在现有法律规定之下，将无法以污染环境罪惩处基于过失造成严重环境污染的行为，这无疑意味着在以往环境污染犯罪不太严重的时代处罚过失造成严重污染环境的情形（重大环境污染事故罪），而在环境污染更为严重的今天则不加以处罚，这显然是违背立法原意的。[1]最后，就混合罪过说来说，即主张污染环境罪的主观罪过形式既可以是过失、也可以是故意的学说，虽被部分学者认为是合乎立法原意的，[2]并因现实中存在大量污染环境罪共同犯罪而在司法实践上得到支持，但在传统刑罚理论之下，其也被认为是具有缺陷的：犯罪行为是出于故意还是过失，直接反映了犯罪人不同的主观恶性，故意犯罪与过失犯罪在刑罚适用上理应存在根本差异，对污染环境罪中的故意犯罪行为和过失犯罪行为规定相同的法定刑，违背了罪刑相适应的刑法基本原则。[3]

与具有自身难以克服内在缺陷的过失说、故意说不同，污染环境罪主观罪过形式的混合罪过说虽然在传统刑罚理论之下是难以理解的，具有自身难以克服的"缺陷"，但考虑到污染环境罪发生情势的社会组织化水平，着眼于新刑罚报应理论，其中主要是着眼于犯罪情势社会组织化水平在罪刑关系中具有的意义，污染环境罪在传统刑罚理论之下被认为具有的"缺陷"在事实上却是并不存在的，混合罪过说的合理性是极为鲜明的。

第一，污染环境罪的犯罪情势总是具有较高的社会组织化水平，受到社会理性较高程度的支配。污染环境罪犯罪行为总是发生于现实的、具有积极社会价值意义的社会生产生活过程之中，是作为社会生产生活过程的副产物而出现的。由于正常的社会生产生活必然建立在社会理性基础之上，受到社会理性的有效支配，这使得污染环境罪的犯罪情势总是具有较高的社会组织化水平，污染环境犯罪在很大程度上受到社会理性有效支配

---

　　[1]　参见苏永生：《污染环境罪的罪过形式研究——兼论罪过形式的判断基准及区分故意与过失的例外》，载《法商研究》2016 年第 2 期。

　　[2]　参见汪维才：《污染环境罪主客观要件问题研究——以〈中华人民共和国刑法修正案（八）〉为视角》，载《法学杂志》2011 年第 8 期。

　　[3]　参见汪维才：《污染环境罪主客观要件问题研究——以〈中华人民共和国刑法修正案（八）〉为视角》，载《法学杂志》2011 年第 8 期。

是自然的。

第二，基于污染环境罪的犯罪情势具有较高的社会组织化水平，根据新刑罚报应理论，着眼于犯罪情势社会组织化水平在罪刑关系中具有的意义，我们也不难理解无论污染环境罪的主观罪过是故意还是过失，对污染环境罪规定较低法定刑，即规定与过失犯罪法定刑一致却明显轻于客观外在表现相似的故意犯罪（如投放危险物质罪）法定刑，并不违背罪刑相适应原则。根据新刑罚报应理论，即使是对于同一犯罪行为，由于犯罪情势社会组织化水平不同，犯罪人需要承担的刑事责任与民事责任也是各不相同的，二者总是在互补意义上紧密相关的：在较高的社会组织化水平之下，意味着较低程度的刑事责任和较高程度的民事责任，在较低的社会组织化水平之下，意味着较高程度的刑事责任和较低程度的民事责任，以致在自然状态下仅有刑事责任而无民事责任，在社会完美状态下仅存在民事责任而无刑事责任。明白了犯罪情势社会组织化水平在罪刑关系中具有的意义，我们也就不难知道犯罪主观罪过与刑罚适用之间并不存在必然的直接联系，对故意犯罪并不是必然会适用重的刑罚；考虑到污染环境罪的犯罪情势必然具有较高的社会组织化水平，我们也就不难理解何以能够对主观罪过是故意的污染环境罪规定较低的、与过失犯罪相一致的法定刑；我们也不难理解，尽管我国《刑法》第338条规定的污染环境罪法定刑与过失犯罪一致，但其法定刑规定仍然遵循了罪刑相适应的刑法基本原则。污染环境罪的主观罪过能够涵盖故意和过失是明显的——混合罪过说的合理性是十分鲜明的。

值得注意的是，新刑罚报应理论并不否认主观罪过在罪刑关系中具有的重要意义，但这种意义仅仅是间接意义上的，唯有在"合乎工具理性的犯罪行为"项下，我们才能真正理解并正确处理主观罪过在罪刑关系中具有的意义。这需要认识到以下几点：①"合乎工具理性的犯罪行为"虽然多以故意行为表现出来，但在许多情况下也可以以过失行为表现出来；②虽然新刑罚报应理论以合乎工具理性的犯罪行为为逻辑前提，但现实犯罪行为常常因错误而是违背工具理性的；③虽然在现实地处理罪刑关系时，我们需要推定犯罪行为是合乎工具理性的，但在有确实证据表明犯罪行为内含错误而影响犯罪行为工具理性时，仍应相应减轻以致免除刑罚，典型的如精神病人实施的犯罪行为；④作为第 3 项内容的延伸，合乎工具理性犯罪行为的主观罪过是故意抑或过失，直接反映了犯罪人与被害人间不同的对立统一关系，体现了二者之间的关系在何种程度和意义上处于对抗状态，也即自然状态，其能够影响现实的罪刑关系是自然的。

根据新刑罚报应理论，考虑到污染环境罪的犯罪情势总是具有很高的社会组织化水平，我们也就不难理解污染环境罪与投放危险物质罪何以会在法定刑上存在重大差异——二者在犯罪情势社会组织化水平上存在重大差异：投放危险物质罪犯罪情势的社会组织化水平是很低的，意味着犯罪人与被害人之间尖锐的冲突和对立。进而也就不难理解，污染环境罪与投放危险物质罪之间在现实上不可能存在想象竞合关系，主张对基于故意主观罪过实施的污染环境罪应依投放危险物质罪惩处的观点是错误的。

（二）基于新刑罚报应理论对抢劫罪两个问题的认识

1. 抢劫罪何以具有较故意伤害罪更重的法定刑

就合乎工具理性的犯罪行为来说，着眼于犯罪行为的内在逻辑，故意伤害罪内含的必然结果是造成人身损害，而抢劫罪内含的必然结果是财产的非法占有，造成人身伤害仅仅具有偶然性意义（故意伤害罪虽然不属于结果犯，但在司法实践中一般来说总是以造成轻伤以上后果作为认定故意伤害罪现实适用刑罚的前提条件；相对地，抢劫罪并不要求现实造成人身损害），考虑到人身损害在一般社会条件下是较财产损害更为严重的损害，考虑到人身伤害在抢劫罪中仅仅是一个或然性的结果，故意伤害罪也就明显具有较抢劫犯罪客观上更严重的社会危害性，但何以我国刑法对抢劫罪规定了较故意伤害罪更重的法定刑呢？（根据我国《刑法》的规定，故意伤害罪处 3 年以下有期徒刑、拘役或管制；致人重伤的，处 3 年以上 10 年以下有期徒刑；致人死亡或者以特别残忍手段致人重伤造成严重残疾的，处 10 年以上有期徒刑、无期徒刑或者死刑。相对地，抢劫罪处 3 年以上 10 年以下有期徒刑，并处罚金；有法律特别规定的八种情形之一的，包括入户抢劫，在公共交通工具上抢劫，抢劫银行或者其他金融机构，多次抢劫或者抢劫数额巨大，抢劫致人重伤、死亡，冒充军警人员抢劫，持枪抢劫，抢劫军用物资或者抢险、救灾、救济物资——处 10 年以上有期徒刑、无期徒刑或者死刑，并处罚金或者没收财产。) 这一问题在传统刑罚理论中是很难理解的，人们也很少关注或探讨这一问题。但着眼于新刑罚报应理论，这一问题是不难理解的——两类犯罪不仅在犯罪情势社会组织化水平上具有重大差异，而且在各自具有的社会理性属性上存在明显不同：故意伤害罪一般来说是在社会生产生活中因各种利益冲突而导致的犯罪行为，虽然体现了犯罪人与被害人间在利益关系上存在的尖锐对立，但其发生的犯罪情势却具有较高的社会组织化水平，故意伤害行为无疑在较大程度和意义上是受到社会理性影响支配的；相对而言，抢劫犯罪体现的是犯罪人与被害人及社会间的严重对立，犯罪情势在更大程度上处于自然状态，仅在很小程度和意义上受到社会理性的影响和支配。由此，着眼于新刑罚报应理论，我们也就不难理解，何以抢劫罪应该具有较故意伤害罪更重的法定刑。

2. 抢劫罪的暴力方法是否包括故意杀人

抢劫罪的暴力方法是否包括故意杀人？这一问题涉及对我国《刑法》第 263 条规定的"抢劫致人死亡"的理解，长期以来是存在诸多争议的。一种观点认为"抢劫致人死亡"仅指因抢劫而过失致人死亡，不包括故意杀人；另有观点认为"抢劫致人死亡"可以包括过失或间接故意致人死亡，但不包括直接故意致人死亡；还有观点认为"抢劫致人死亡"包括过失和故意致人死亡。[1]最高人民法院 2001 年 5 月 23 日公布的《关于抢劫过程中故意杀人案件如何定罪问题的批复》、2016 年 1 月 6 日公布的《关于审理抢劫刑事案件适用法律若干问题的指导意见》两个司法解释虽然明确主张抢劫罪的暴力方法包括故意杀人，但在笔者看来，抢劫罪的暴力方

---

[1] 参见高铭暄、马克昌主编：《刑法学》（第 8 版），北京大学出版社、高等教育出版社 2017 年版，第 496 页。

法是否包括故意杀人的问题并没有得出令人信服的答案。

　　抢劫罪的暴力方法是否包括故意杀人的问题，在传统刑罚理论之下没有，也不可能得到令人信服的确定性回答，但根据新刑罚报应理论，着眼于抢劫罪必然具有的属性，我们却能够有效地解决这一问题。为此，我们首先需要考虑抢劫犯罪行为必然具有的两方面属性，一方面，抢劫犯罪的目的是当场劫取被害人财物，而不是对犯罪人造成伤害，抢劫犯罪行为目的作为抢劫犯罪之所以发生、存在的内在理性根据构成抢劫犯罪行为的本质；另一方面，暴力行为作为手段足以有效实现对被害人财物的当场劫取：这对抢劫罪来说是合乎工具理性的，是抢劫犯罪目的合乎逻辑的展开——合乎工具理性是抢劫犯罪行为必然具有的本质属性，犯罪行为唯有合乎工具理性，犯罪行为才能合乎人性而具有必然性和现实性，我们对犯罪行为的理解和罪刑关系的建构才能具有坚实的现实基础，才能是正确的。其次，着眼于抢劫犯罪行为前述两个方面的属性，抢劫犯罪行为必然具有的内在逻辑是，以暴力或以暴力方式相威胁来排除妨碍，实现对被害人财物的非法占有。在抢劫犯罪行为的这一内在逻辑中，与财产损害相比，造成或威胁造成更为严重的人身伤害是抢劫犯罪暴力方法必然具有的内涵，从理性逻辑来说，足以有效实现对被害人财物的非法占有，相对地，故意杀人作为抢劫犯罪的暴力方法虽然足够有效，但却是过分的、不必要的。不可否认，在现实的抢劫犯罪过程中也有故意杀害被害人的情况现实发生，但故意杀人的实施在抢劫犯罪的内在逻辑中仅仅具有偶然性意义。考虑到犯罪、刑罚之间的关系是必然性关系，这种必然性关系的成立、存在以犯罪行为必然具有的现实性为基础和前提，而故意杀人在抢劫犯罪中仅仅具有偶然性意义，却是故意杀人罪必然具有的属性。明显的是，将故意杀人作为暴力方法包括在抢劫罪的行为方式之内，一方面将使抢劫罪的罪刑关系不是建立在必然性基础之上，而是建立在偶然性基础之上，这显然是错误的；另一方面，将使抢劫罪与故意杀人罪之间出现不必要的重叠，由于故意杀人罪是更严重的犯罪，将必然导致抢劫罪法定刑的整体加重——在新刑罚报应理论之下，这些都是违背前述第九章阐述的具体犯罪设定原理的。从而，依新刑罚报应理论，抢劫罪的暴力方法不应包括故意杀人是明确肯定的。

抢劫罪的暴力方法不包括故意杀人，那么，对于以故意杀人方法实施的抢劫财物犯罪行为如何定罪处罚？着眼于重罪吸收轻罪原则，考虑到继承人为继承财产而故意杀害被继承人能够以故意杀人罪得到准确评价，对于以故意杀人实施的抢劫财物犯罪行为以故意杀人罪定罪处罚就是适当的。但考虑到抢劫罪涉及罚金、没收财产刑罚的适用，从全面评价考虑，以抢劫罪、故意杀人罪数罪并罚更为适当——但这是否会因违背"禁止重复评价原则"而是错误的呢？在笔者看来，尽管许多刑法学者积极主张"禁止重复评价原则"，但其却是一个在刑法理论上并不存在的原则：一者，"禁止重复评价原则"在刑法理论上不存在令人信服的根据，其与罪刑相适应原则在许多情况下会存在明显冲突——许多情况下只有遵循全面评价原则才能做到罪刑相适应，典型的是对想象竞合犯的处罚——对于既走私运输毒品也走私运输枪支的同一犯罪行为，要做到罪刑相当，重复评价是不可避免的；二者，既有的国际刑事司法实践并没有遵循"禁止重复评价原则"，如纽伦堡法庭在同一些行为上认定了许多被告人犯有战争罪和危害人类罪；[1]三者，美国的司法实践也证明了对"禁止重复评价原则"的否定：1982 年，加利福尼亚投票通过了一项法案（proposition 8），对某些符合条件的犯罪（谋杀、强奸、抢劫、入室盗窃以及持械致害）立即进行追加惩罚，任何之前已经被定罪的重罪犯人将被追加 5 年的监禁[2]。

二、基于新刑罚报应理论对现实疑难案件的审视

由于犯罪行为总是现实地发生于特定的、不同社会组织化水平的犯罪

---

〔1〕 参见 ［德］格哈德·韦勒：《国际刑法学原理》，王世洲译，商务印书馆 2009 年版，第 212 页。

〔2〕 ［美］罗伯特·考特、托马斯·尤伦：《法和经济学》（第 5 版），史晋川等译，格致出版社、上海三联书店、上海人民出版社 2010 年版，第 505 页。

情势之下，而由于人的理性缺陷，现实犯罪行为也往往不可避免地存在缺陷而违背工具理性，这使得，与无视了犯罪行为理性属性及犯罪情势社会组织化水平在罪刑关系中具有意义的传统刑罚理论相比，新刑罚报应理论能够更有效、清晰地处理现实犯罪的罪刑关系。这明显体现在，着眼于新刑罚报应理论，我们可以很鲜明地看出许某盗窃案、王某军故意伤害案在刑罚适用上存在的问题。

（一）许某盗窃案刑罚适用合理性审视

许某盗窃案件主要事实是：2006 年 4 月 21 日，许某利用银行自动柜员机存在的程序错误，即取 1000 元、银行卡账户却仅扣 1 元，用自己不具有透支功能、余额为 176 元的银行卡多次在自动柜员机上指令取款共计 17 万余元，后携款潜逃；银行发现交易异常后联系许某及其家属要求还款未果，遂于 4 月 30 日报案；案发后许某及其家属多次表示在不追究刑事责任的情况下愿意退赔银行损失，应该是与未得到不追究刑事责任的承诺有关，许某没有返还款项；原一审判处许某无期徒刑，并处没收个人全部财产，追缴犯罪所得返还受害单位。后经发回重审，许某被改判 5 年有期徒刑，并处罚金 2 万元，追缴犯罪所得返还受害单位。二审维持原判。

基于新刑罚报应理论，就许某在银行自动柜员机上实施的盗窃行为来说，①犯罪情势具有很高的社会组织化水平，被害单位、司法机关可以轻易准确地认定犯罪人是许某即有力地证明了这一点；②由于犯罪情势具有很高的社会组织化水平，盗窃行为在很大程度上是违背工具理性的，建立在错误基础之上，从逻辑上来说，正常情况下，犯罪行为只能给犯罪人带来伤害，而不可能带来真正的利益——犯罪人许某及其家人也清晰地认识到这一点，所以才明确表示愿意返还盗窃款项；③基于前述两点，考虑到犯罪行为刑事责任与民事责任是在互补意义上存在的，明显的是，较轻的刑罚适用就足以有效遏制犯罪的发生，做到罪刑相当，在许某退还盗窃款项从而使民事责任得到有效解决的情况下，极轻的刑罚适用甚至不现实适用刑罚（如处缓刑）都是合理的，在此，我们可以很明显地认识到，原一审判决对犯罪人适用无期徒刑是不妥的；④在犯罪人拒不返还盗窃款项时——

盗窃犯罪的这一后续组成部分，很明显使犯罪情势的社会组织化水平变低了，社会理性不足以有效调整许某与银行间社会关系的，仅对犯罪人适用5年有期徒刑又是过轻的，这主要是考虑到5年有期徒刑不足以剥夺犯罪行为带来的利益；⑤在即使犯罪人返还盗窃款项，依传统刑罚理论仍不得不对犯罪人适用较重刑罚时，犯罪人拒不返还盗窃款项就是合乎工具理性的选择，这直接妨碍了案件的有效解决，其导致的必然结果是包括犯罪人在内的社会整体付出巨大代价——银行作为被害人很难得到失去的款项，犯罪人许某需要负担沉重的刑罚，而国家对许某的刑罚执行也代价高昂。这些间接表明了新刑罚报应理论的有效性与正确性。

（二）王某军故意伤害案

1996年，因邻里纠纷，时年17岁的王某军故意伤害致张某扣之母汪某萍死亡；法院以故意伤害罪判处王某军有期徒刑7年，赔偿张某扣之父张某如经济损失9639.3元。被害人没有上诉。虽然在张某如后来提起的申诉案件中，汉中市中级人民法院、陕西省高级人民法院均认定原审判决并无不当，但从王某军故意伤害案间接导致张某扣在22年后实施报复性故意杀人案来看，从人们普遍给予张某扣极大同情来看，我们很难认为判决使正义得到了伸张；虽然根据现有法学理论和法律我们很难认定判决不当，但着眼于新刑罚报应理论，我们却可以明确地看出判决存在的问题：由于在新刑罚报应理论之下犯罪刑事责任与民事损害赔偿责任是在互补意义上存在的，在对犯罪人王某军判处轻的刑罚的情况下，对其及其法定代理人判处轻的民事赔偿是不合理的。与既有刑罚理论相比，新刑罚报应理论明显是更为科学有效的。

着眼于新刑罚报应理论，我们不仅对污染环境罪、抢劫罪有了更为准确清晰的理解，看到了已有司法解释存在的问题，而且对于引起广泛关注、存在颇多争议的许某盗窃案、王某军故意伤害案处理中存在的问题也有了更为深刻的认识。更重要的是，作为科学的罪刑关系理论，新刑罚报应理论不仅明确了犯罪分类理应采用的标准，揭示出我国刑法犯罪分类、刑法分则体系建构中存在的问题，而且阐释了科学的刑法分则体系应如何建构，为世界各国刑法体系上的统一奠定了基础——这些都鲜明地体现出新刑罚报应理论的合理有效性。鉴于罪刑关系理论在整体刑法理论体系中具有的地位，可以想见，新刑罚报应理论将对未来的刑法理论和实践产生深远的影响。

结　语：我的反思与时代的批判

　　作为 17 年学术研究的唯一成果，《刑罚原理与刑法学基本理论的推证》终于在我几近退休的时候要出版了。论著写作伴随着我对广泛领域知识的研读学习，虽有艰辛，但也自觉收获颇丰：不仅自认为在现实理性基础上建构了科学且逻辑严谨的刑法学理论体系的基本框架，而且这一历程也内含着我智识和人格精神上的成长蜕变——一度迷茫懵懂，遇事焦躁、手足无措的我，一变而为内心沉静、三观清晰了。与此同时，对广泛领域理论和现实社会问题的思考，也在《刑罚原理与刑法学基本理论的推证》内容之外寻得了一些有益于社会的见解。于此人生历程的一个重要节点，回顾自己的治学历程，将自己省思得到的智识贡献于社会，自是我作为一个知识分子应该履行的社会责任。

一、写作缘起与研思历程回眸

　　围绕《刑罚原理与刑法学基本理论的推证》写作展开的研究，最早可追溯至 2007 年我在吉林大学参加的中国刑法学年会。在该次会议上，"单位犯罪基本理论研究"是其中一个重要议题。与会人员就此议题展开的讨论，较为全面地展示了单位犯罪，即法人犯罪在我国立法司法实践中面临的诸多问题，我也由此认识到，法人犯罪理论不仅在我国，而且在世界范围内都是一个存在诸多问题的不成熟理论。这引起了我的极大兴趣，决心就此展开自己的研究工作，同时颇为自负地认为自己能够解决这一问题。

由于涉及犯罪主体、行为、正义等基本理论问题，就法人犯罪问题在刑法范围内展开的研究很快陷入了困境，从而不得不转向哲学、伦理学、博弈论、心理学和社会学等方面科学理论的学习。最先引起我刑法学之外的广泛理论学习兴趣的三本书籍分别是康德的《法的形而上学原理》、内特尔的《个性》和郭湛的《主体性哲学——人的存在及其意义》，它们吸引我围绕法人犯罪理论问题的解决对范围广泛的哲学和其他科学理论进行了研读。现在想来，对我思想观念改变及刑法学理论研究发挥最重要作用的是哲学方面的书籍，其中重要的涉及康德的《法的形而上学原理》《逻辑学讲义》《实践理性批判》《纯粹理性批判》，休谟的《人性论》，叔本华的《叔本华论道德与自由》，罗尔斯的《正义论》，石里克的《普通认识论》，杜威的《思维的本质》，赖欣巴哈的《科学哲学的兴起》等；其次是经济学、博弈论方面的书籍，如罗伯特·阿克塞尔罗德的《合作的复杂性——基于参与者竞争与合作的模型》，贝克尔的《人类行为的经济分析》，赫伯特·金迪斯的《理性的边界——博弈论与各门行为科学的统一》，罗伯特·考特、托马斯·尤伦的《法和经济学》（第5版）等；而心理学和社会学方面的著作无疑也具有重要意义。

范围广泛的经典书籍的研读，使我对什么是科学的理论，对人的行为及作为行为内在根据的情感和理性，对正义，对现实社会，对人应该如何作为一个负责任的社会主体生存于现实社会中等问题，都有了较为清晰的认知，从而也就在根本意义上改变了我的思想观念。这种思想观念体系上的发展变化，一方面使我清醒地认识到，法人犯罪理论问题的最终解决有赖于犯罪概念、刑罚正义、罪刑关系等更为根本的刑法学基础理论问题的探讨，另一方面也使我对既有刑法学理论体系的合理之处和缺陷有了清楚明白的认知。这进而引起了我研究方向的根本改变，从围绕法人犯罪展开的研究，转向对刑罚报应理论及其现实适用原理等基础刑法学理论问题的探讨，并最终转向了对整个刑法学理论体系基本框架的建构。而法人犯罪理论问题，也在这一过程中得到了解决。

与刑法学理论研究紧密相随的是思想观念上的发展变化，这不仅使我逐渐树立了明确的世界观、价值观和人生观，而且对我国教育和现实社会中存在的诸多问题也有了一些批判性的思考。

二、新刑法学理论体系框架何以具有鲜明的独特性

以思想观念上的巨大变化为基础，《刑罚原理与刑法学基本理论的推证》所建构的刑法学理论体系框架与传统刑法学理论存在诸多根本性的差异（如在处理罪刑关系的刑罚原理、犯罪概念、法人犯罪理论等方面），具有自身鲜明的独特性，何以如此呢？我感到，这在根本意义上有三个方面的原因。

第一方面的原因在于，新建构的刑法学理论体系注意到了社会组织化水平在罪刑关系中具有的意义，整个论著很明显正是以此为基础的，兹不多述。

第二方面的原因在于，承认并重视自然法则在罪刑关系处理中具有的意义（这一点虽在书中不如第一方面原因有鲜明体现，但仍是新刑法理论体系建构的一个重要支点）。这首先表现在，承认或者说不否认体现自然法则的犯罪行为内含行为准则可能具有的正当性，这在社会意义上内含着对犯罪人行为自由的尊重——这意味着民法规则作为社会理性法则在犯罪情势下的正当性并不具有绝对性，犯罪行为也不是如黑格尔认为的那样总是法律否定的对象。其次表现在认为自然法则能够限制、影响社会理性法则对社会关系具有的影响支配能力和发挥作用的空间。可以明确的是，合乎理性的行为，总是既应合乎自然法则，也应合乎社会理性法则的；虽然无论是在理论抑或在现实社会中，在体现自然法则的行为准则与社会理性法则冲突时，人们总是将或在意愿上将社会理性法则置于较高地位，以社会理性法则为根据否定体现自然法则的行为内含行为准则，但这并不具有绝对性——在我们将行为准则视为自然法则的外在表现时，这一点就是十分清楚的了。

第三方面的原因在于，《刑罚原理与刑法学基本理论的推证》建构的

刑法学理论体系注重对逻辑学理性规则的遵循。典型的如第九章对具体犯罪设定原理规则的探讨、对不同犯罪分类排列规则的确定正是以逻辑学中概念的逻辑划分规则为根据的；而第三章对犯罪概念的确定、第四章对传统刑法因果关系理论的批判（看到了因果关系与"相关因果关系"间在本质意义上存在的区别）也都是以相关的逻辑学规则原理为根据的。

三、对既有刑法学理论体系的几点反思与批判

长期对广泛领域经典著作的研读，以及在此基础上对刑法学基础理论进行的探讨，使我对既有刑法学理论体系的现状进行了一些较为深入的反思。

（一）既有刑法学理论体系缺乏确实清晰的概念基础

刑法学不可能如数学、物理学那样成为一个逻辑严密的理论体系，但即使是与民法学相比，刑法学在世界范围内作为理论体系的成熟完整性都是存在很大不足的，何以如此？这固然与刑法总是与一个国家的政治和历史文化传统更为紧密地联系在一起有关，但在根本意义上则是因为，作为刑法学理论基础的犯罪概念具有明显不同于其他科学理论概念基础的显著特征。科学的理论体系，一般来说都是以清楚明白的概念为基础的，如数学中的直线、圆，物理学中的惯性、速度、加速度，民法学中的合同、债、所有权等。与此迥然有别的是，由于作为刑法适用对象的犯罪行为只能是社会理性失败的产物，作为刑法学理论基础的犯罪概念也就仅仅只能是在相对意义上客观明确的（长期以来人们对此都是缺乏明确认知的）；而其根源则在于，犯罪的发生必然表现为理性的不足和失败，表现为作为社会理性法则的法律与以行为内含准则表现出来的自然法则之间的冲突，这决定了我们不可能有一个确实清晰的犯罪概念——由于理性有限性，自然法则与社会理性法则之间的冲突是不可避免的，在不同的时代、不同情势之下会以不同形式现实地表现出来，现实的犯罪概念也就只能是与一个时代的社会理性状况，即与一个时代的现实发展状况、与具体的犯罪情势紧密相关而处于变化之中。

（二）既有刑法学理论体系及其建构没有很好地遵循逻辑学规则

与不存在明确清晰的犯罪概念作为理论基础密切相关，在建构刑法学理论体系过程中，人们往往忽视刑法学作为一个科学理论体系应该遵循的逻辑学形式规则——遵循逻辑学规则是理论体系成为成熟完整体系的必要条件。这在我国的刑法学理论体系中有鲜明的体现（其他国家的刑法学理论体系肯定也存在这方面的问题，但因笔者不熟悉，在此不予讨论）。这除了在本书前面已经包含的内容，如在对具体罪名的设定和刑法分则体系建构上缺乏逻辑学规则的支持，在刑法基本原则的确定、犯罪概念的定义上也没有很好地遵循逻辑学规则等，还在以下几个方面有重要表现：

第一，传统的犯罪构成理论是明显违背逻辑学规则的。犯罪概念有一般犯罪概念，也有具体犯罪的犯罪概念，在逻辑学、刑法学理论上明显的是，刑法对具体犯罪的规定赋予了具体犯罪概念的内涵本质特征，构成了具体犯罪定义的内容。而在逻辑学上同样明显的是，一个行为是不是某种具体犯罪，其判断标准也只能是具体犯罪的概念，从另一层面看是刑法赋予该具体犯罪的定义，即这一定义的本质特征，这正如我们判断一个封闭曲线是不是一个圆的判断标准只能是圆的概念一样。这就注定了将犯罪构成作为一个行为是不是犯罪的判断标准只能是错误的：具体犯罪的犯罪构成与刑法规定的该具体犯罪概念是不是完全一致的？如果是完全一致的，在犯罪概念之外再提出犯罪构成作为行为是不是构成该具体犯罪的标准岂不是画蛇添足；如果二者是有区别的，那就只能是违反刑法规定的；前者是不必要的，后者则是违背罪刑法定基本原则的。事实上，传统的犯罪构成理论在现实中一直都处于一个十分尴尬的境地：一者，不同学者往往对同一犯罪确定了不同的犯罪构成；二者，犯罪构成在现实的司法判决中从来都没有被作为判断行为是不是构成犯罪的证明标准——这不可避免地使其在我国刑法理论体系中成为累赘。与传统存在缺陷的犯罪构成理论相比，"三阶层的犯罪构成理论"明显是更为合理且合乎逻辑学规则的：其第一阶层的构成要件符合性要求犯罪行为必须是符合刑法明文规定的，这在逻辑上即是要求行为符合刑法确定的具体犯罪概念的定义，这是既合乎罪刑法定原则，也合乎逻辑学规则的。

第二，传统刑法学理论体系中使用的许多概念在逻辑学上存在严重问题。概括而言有两种表现形式。一是部分概念截然不同于该概念通常具有的意义。就"犯罪客体"概念来说，其在传统刑法理论体系中意指犯罪行为侵害的社会关系，而其在通常的语言逻辑之下却只能是意指犯罪对象的。二是部分概念本身就是因违背逻辑学规则而不应存在的。就我国多个版本的刑法学教科书中常常出现的"无体物"概念来说，由于物作为概念内涵的本质属性就包括广延性，物也就必然是有体的，不可能有无体物存在的可能，正如不可能有圆形的正方形一样。这在学界目前被广泛使用、讨论的"刑法教义学"概念也有鲜明体现，刑法学理应以科学理论形式存在，而作为科学的理论形式，其就必须是能够证立或证伪的，这就排除了以信仰为基础的教义形式存在的可能。

第三，部分学者提出的刑法理论陷于空谈，无助于现实问题的理解和解决。这在行为无价值与结果无价值间存在的理论对立上有鲜明体现。就行为的内在逻辑来说，行为结果理应是内含于行为目的的，这就决定了行为价值与结果价值间理应具有的一致性，在因偶然因素影响而使犯罪行为逻辑不能涵括行为结果时，我们需要处理的是偶然因素所导致的行为价值与结果价值之间的差异及其对罪刑关系的影响，这就无疑既要考虑行为价值，也要考虑结果价值。着眼于本书建构的新刑罚报应理论的现实适用原理，我们不难理解这一点。行为无价值理论与结果无价值理论间的对立必然是陷于空谈的，不可能具有积极的理论意义——如果你看过相关的理论言说，想必会如同最初的我那样长期以来都困惑于不能真正理解相关的理论，但现在的我却知道何以如此了：他们的理论言说在本质意义上因缺乏逻辑而难以成其为理论，因而是错误的，而错误的理论必然是难以理解的。

考虑到既有刑法学理论存在的重大缺陷，重新建构刑法学理论体系，进而在新的刑法理论基础上重新修订刑法是必要的。

四、对当前教育的一点反思

伴随着 17 年来为写作《刑罚原理与刑法学基本理论的推证》进行的研究和广泛阅读，我逐渐在哲学、心理学、社会学、行为科学等社会科学领域具有了较为广博的知识，加之在大学学习的理科知识背景，使我对人类的理论知识体系有了较为全面的认知；深刻地感受到，就所面对的社会生活、及所要进行的研究工作而言，此前的我知识过于狭窄，不仅对很多领域的知识处于无知状态，而且习得了许多错误的知识和观念。这不仅严重地阻碍了我学术研究的有效进行，而且长期以来都使我在生活中处于迷茫懵懂状态，走了不少弯路。我深刻地体悟到，这些与高等教育轻视哲学社会科学教育紧密相关。

在一些国人的心目中，只有理工科才是真正的科学，哲学社会科学往往并不被认为是真正意义的科学；而即便是在当前的哲学社会科学教育中，也有不少不当或错误之处，如对一些重要概念（如必然性、偶然性、因果关系等）的不准确理解，对某些重要理论（如唯心主义等）的错误批判，不能反映社会科学领域的最新成果等。这样现实社会中存在的许多问题都可以得到解释。

首先，如果哲学社会科学教育开展得不好，人们就很难具有正确的社会主体、社会责任观念，即不知道如何做自己，也不知道如何对待他人，也就很难依社会理性法则在理性基础上正确处理与国家、与社会、与他人间的社会关系——在日常事务处理上，常常表现为不会讲理，从而在许多情况下不得不基于情感、依自然法则处理与他人的社会关系，就会引发一些社会冲突，这就会影响文明和谐社会建设目标的实现；而在较高社会层面上，负有更重要社会责任的政府官员、科学家、企业家缺乏社会责任感，或因理智缺陷而不能正确认知、不能有效履行自己的职责，不能将其具有的权力、社会资源、科学技术有效地服务于社会，其危害将更为严重。

其次，由于很多最为基础的概念、理念是由哲学确立起来的，不重视哲学社会科学教育，使我们的理工科学者很难意识到他们对自身研究领域的基础概念、及在此基础上建立起来的理论体系的理解是不全面的（我只是在后来研究过程中才认识到化学、物理学、数学的重要概念观念的基础在哲学，也领悟到前此的观念存在缺陷）。虽然这些有瑕疵的理解一般来说并不会影响学者在自身专业范围内的应用、研究，但在对相关理论的全面准确理解上、在最为前沿的研究上有时却是难以支持的（这从爱因斯坦相对论建构受到康德《纯粹理性批判》的重大影响可以鲜明地看出这一点）；这就会影响妨碍自然科学理论研究的有效开展。

最后，在理工科教育中培养起来的人，常常因缺乏哲学社会科学知识而缺乏对世界、对人的深刻理解，易于迷信理性，却忽视理性有限性带来的严重问题，在许多重大事情上就会缺乏远见。这使得他们在处理复杂、宏大事项时，易于高估事项的积极意义，低估事项的不利后果；受其间出现的诸多偶然性因素影响，往往会产生意料之外的灾难性后果。

自然科学主要是关于物的科学，而社会科学则主要是关于人的科学，这决定了社会科学无论如何都是较自然科学更为重要的，这应该引起我们的高度重视。

五、对我国社会发展的反思与展望

改革开放以来，中国社会取得了巨大成就，但也不可否认，其间也有一些问题和不足，值得深思。我们可以从很多的不同方面来反思其间的经验教训，展望我们的未来，但我更愿意从自由的角度来考虑这一问题。自由作为人必然具有的本质属性，作为法律的本质所在，是理解社会发展的关键所在。以此为视角，我们就不会为其间纷繁复杂的各种表象所迷惑而直击问题的本质了。

我国改革开放以来取得了举世瞩目的巨大成就，原因是多方面的，如坚持党的领导，坚持改革发展稳定的统一，实施切合实际的经济政策等；但在更为根本的意义来说，则是因为人们拥有了日益广泛的自由。改革开放的过程，是不断破除加在人们身上的各种有形或无形不当束缚的过程，是人们作为具有理性的社会主体得到了越来越高程度尊重的过程；这使得人们能够更文明地、更合乎理性地处理彼此之间的社会关系，能够充分发挥每个人的聪明才智和主观能动性，在自身获得利益、得到发展的同时，也为国家、社会发展做出了贡献。如此我们就不难理解我国何以能够在经济建设上取得巨大成绩了。

而改革开放过程中出现的问题、及当今面临的巨大困境，大都也直接或间接地与自由问题密切相关：这或者是因为理解上的偏差，人们不知道应该如何维护、实现自身的自由。前者如城乡二元分割所直接导致的铁路客运的巨大压力和由此而来的铁路建设的巨大浪费，后者如"美狗""俄杂"间的对骂。由于法律的本质是自由，不能正确地理解、维护和实现自由，必然带来对法治精神的背离，由此将引起的人们对未来疑惧怀疑，值得深思。

尽管我国目前在经济政治上还存在各种问题，但我仍对中国未来的前景充满信心，其根据在于，自由、法治的信念及其追求已经深深地扎根于中国的社会文化之中，而实现法治、维护每一个人的自由在理性逻辑上是符合每一个人利益的，是每一个普通民众基于理性的必然选择。

主要参考文献

［法］笛卡尔：《谈谈方法》，王太庆译，商务印书馆 2000 年版。

［德］康德：《法的形而上学原理——权利的科学》，沈叔平译，商务印书馆 1991 年版。

［德］康德：《历史理性批判文集》，何兆武译，商务印书馆 1990 年版。

［德］康德：《逻辑学讲义》，许景行译，商务印书馆 2010 年版。

［德］尼采：《查拉图斯特拉如是说》，孙周兴译，商务印书馆 2010 年版。

［德］黑格尔：《法哲学原理》，范扬、张企泰译，商务印书馆 1961 年版。

［德］M. 石里克：《普通认识论》，李步楼译，商务印书馆 2005 年版。

［德］赖欣巴哈：《科学哲学的兴起》，伯尼译，商务印书馆 1983 年版。

［奥］恩斯特·马赫：《认识与谬误——探究心理学论纲》，李醒民译，商务印书馆 2007 年版。

［英］霍布斯：《利维坦》，黎思复、黎廷弼译，商务印书馆 1985 年版。

［英］Roger Scruton：《康德》，刘华文译，译林出版社 2011 年版。

［英］迈克尔·坦纳：《尼采》，于洋译，译林出版社 2013 年版。

［英］洛克：《人类理解论》（下册），关文运译，商务印书馆 1959 年版。

［英］P. F. 斯特劳森：《怀疑主义与自然主义及其变种》，骆长捷译，商务印书馆 2018 年版。

［英］西蒙·布莱克本：《我们时代的伦理学》，梁曼莉译，译林出版社 2009 年版。

［美］迈克尔·舍默：《道德之弧：科学和理性如何将人类引向真理、公正与自由》，刘维龙译，新华出版社 2016 年版。

［法］昂利·彭加勒：《科学与方法》，李醒民译，商务印书馆 2006 年版。

［加］伊恩·哈金:《驯服偶然》,刘钢译,商务印书馆 2015 年版。

［美］阿维纳什·迪克西特、苏珊·斯克丝、戴维·赖利:《策略博弈》(第 3 版),蒲勇健等译,中国人民大学出版社 2012 年版。

［美］欧文·M. 柯匹、卡尔·科恩:《逻辑学导论》(第 13 版),张建军等译,中国人民大学出版社 2014 年版。

［美］约翰·杜威:《思维的本质》,孟宪承、俞庆棠译,台海出版社 2018 年版。

［美］亚伯拉罕·马斯洛:《动机与人格》(第 3 版),许金声等译,中国人民大学出版社 2007 年版。

［美］道格拉斯·肯里克、弗拉达斯·格里斯克维西斯:《理性动物》,魏群译,中信出版社 2014 年版。

［美］马丁·诺瓦克、罗杰·海菲尔德:《超级合作者》,龙志勇、魏薇译,浙江人民出版社 2013 年版。

［美］罗伯特·阿克塞尔罗德:《合作的复杂性——基于参与者竞争与合作的模型》,梁捷等译,上海人民出版社 2008 年版。

［美］雷德·海斯蒂、罗宾·道斯:《不确定世界的理性选择——判断与决策心理学》,谢晓非等译,人民邮电出版社 2013 年版。

［美］罗伯特·考特、托马斯·尤伦:《法和经济学》(第 5 版),史晋川等译,格致出版社、上海三联书店、上海人民出版社 2010 年版。

［美］加里·S. 贝克尔:《人类行为的经济分析》,王业宇、陈琪译,格致出版社、上海三联书店、上海人民出版社 2015 年版。

［美］赫伯特·金迪斯:《理性的边界——博弈论与各门行为科学的统一》,董志强译,格致出版社、上海三联书店、上海人民出版社 2011 年版。

［英］维克托·塔德洛斯:《刑事责任论》,谭淦译,中国人民大学出版社 2009 年版。

［德］费希特:《自然法权基础》,谢地坤、程志民译,商务印书馆 2004 年版。

［德］格哈德·韦勒:《国际刑法学原理》,王世洲译,商务印书馆 2009 年版。

［德］约翰内斯·韦塞尔斯:《德国刑法总论》,李昌珂译,法律出版社 2008 年版。

［德］乌尔斯·金德霍伊泽尔:《刑法总论教科书》(第 6 版),蔡桂生译,北京大学出版社 2015 年版。

［德］埃里克·希尔根多夫:《德国刑法学:从传统到现代》,江溯等译,北京大学出版社 2015 年版。

［美］H. C. A. 哈特：《惩罚与责任》，王勇等译，华夏出版社 1989 年版。

［意］朱塞佩·格罗索：《罗马法史》，黄风译，中国政法大学出版社 1994 年版。

［意］恩里科·菲利：《犯罪社会学》，郭建安译，中国人民公安大学出版社 2004 年版。

［美］道格拉斯·胡萨克：《过罪化及刑法的限制》，姜敏译，中国法制出版社 2015 年版。

［意］杜里奥·帕多瓦尼：《意大利刑法学原理》（注评版），陈忠林译评，中国人民大学出版社 2004 年版。

［法］卡斯东·斯特法尼等：《法国刑法总论精义》，罗结珍译，中国政法大学出版社 1998 年版。

［英］韦恩·莫里森：《理论犯罪学：从现代到后现代》，刘仁文等译，法律出版社 2004 年版。

［英］杰瑞米·侯德：《阿什沃斯刑法原理》（第 8 版），时延安、史蔚译，中国法制出版社 2019 年版。

［英］J. C. 史密斯、B. 霍根：《英国刑法》，李贵方等译，法律出版社 2000 年版。

［英］艾伦·诺里：《刑罚、责任与正义——关联批判》，杨丹译，中国人民大学出版社 2009 年版。

［日］大谷实：《刑法讲义总论》（新版第 2 版），黎宏译，中国人民大学出版社 2008 年版。

［日］松宫孝明：《刑法各论讲义》（第 4 版），王昭武、张小宁译，中国人民大学出版社 2018 年版。

［日］西原春夫：《刑法的根基与哲学》（增补版），顾肖荣等译，中国法制出版社 2017 年版。

［日］松原芳博：《犯罪概念和可罚性：关于客观处罚条件与一身处罚阻却事由》，毛乃纯译，中国人民大学出版社 2020 年版。

［日］日高义博：《不作为犯的理论》，中国人民公安大学出版社 1992 年版。

李泽厚：《批判哲学的批判：康德述评》，生活·读书·新知三联书店 2007 年版。

高兆明：《心灵秩序与生活秩序：黑格尔〈法哲学原理〉释义》，商务印书馆 2014 年版。

吴彦：《法、自由与强制力：康德法哲学导论》，商务印书馆 2016 年版。

怀效锋主编：《中国法制史》，中国政法大学出版社 2002 年版。

陈子平：《刑法总论》（2008 年增补版），中国人民大学出版社 2009 年版。

高铭暄、马克昌主编：《刑法学》（第 8 版），北京大学出版社、高等教育出版社 2017 年版。

苏惠渔主编：《刑法学》，中国政法大学出版社 1994 年版。

邓子滨：《中国实质刑法观批判》，法律出版社 2009 年版。

罗翔：《刑法学讲义》，云南人民出版社 2020 年版。

张明楷编著：《外国刑法纲要》（第 2 版），清华大学出版社 2007 年版。

张明楷：《刑法学》（第 5 版），法律出版社 2016 年版。

屈学武主编：《刑法总论》，社会科学文献出版社 2004 年版。

刘宪权主编：《中国刑法学》，上海人民出版社 2008 年版。

陈兴良：《刑法哲学》（第 5 版），中国人民大学出版社 2015 年版。

曲新久主编：《刑法学》（第 3 版），中国政法大学出版社 2009 年版。

曲新久：《刑法的精神与范畴》，中国政法大学出版社 2000 年版。

李洁：《刑法的目的理性批判》，法律出版社 2014 年版。

邱兴隆、许章润：《刑罚学》，中国政法大学出版社 1999 年版。

翟中东：《刑罚问题的社会学思考：方法及运用》，法律出版社 2010 年版。

黎宏：《刑法总论问题思考》，中国人民大学出版社 2007 年版。

周振杰：《比较法视野中的单位犯罪》，中国人民公安大学出版社 2012 年版。

孙春雨：《中美定罪量刑机制比较研究》，中国人民公安大学出版社 2007 年版。

李文伟：《法人刑事责任比较研究》，中国检察出版社 2006 年版。

王良顺：《单位犯罪论》，中国人民公安大学出版社 2008 年版。

卢林：《公司犯罪论：以中美公司犯罪比较研究为视角》，法律出版社 2010 年版。

范红旗：《法人犯罪的国际法律控制》，中国人民公安大学出版社 2007 年版。

严春友：《决定论与非决定论之语义分析》，载《山西大学学报（哲学社会科学版）》 2014 年第 1 期。

苏永生：《污染环境罪的罪过形式研究——兼论罪过形式的判断基准及区分故意与过失的例外》，载《法商研究》2016 年第 2 期。

汪维才：《污染环境罪主客观要件问题研究——以〈中华人民共和国刑法修正案（八）〉为视角》，载《法学杂志》2011 年第 8 期。